Rundum

VEGETARISCH

Maria Buchheim (Hg.)

Rundum VEGETARISCH

Mit über 70 Rezepten,
exklusiv fotografiert von
Hans Joachim Döbbelin

SIGLOCH
EDITION

Inhalt

*Der links abgebildete Menüvorschlag
setzt sich aus den Rezepten
„Bunter Salatteller" (Seite 18),
„Batatensuppe" (Seite 32),
„Gemischte Bratlinge" (Seite 74) und
„Heidelbeergratin" (Seite 88) zusammen.*

Vegetarisch gesund leben

Oft hat sich, wer vegetarisch lebt, bewußt dafür entschieden. Aus welchen Gründen auch immer: wer für die Tötung von Tieren nicht mit verantwortlich sein will, handelt im Sinne des ethischen Vegetarismus. Der hatte bereits zu Beginn des 20. Jahrhunderts in Europa und Nordamerika viele Anhänger; auch wegen der schon damals außerordentlich guten Qualität des Essens in vegetarischen Restaurants. Was dies betrifft, können wir heute von einer richtigen Kultur sprechen. In jeder größeren Stadt und häufig auch auf dem flachen Land findet man gute Gaststätten, die neben fleischlicher Kost auch leckere, frisch zubereitete vegetarische Gerichte anbieten oder sich ausschließlich solchen Speisen verschrieben haben.

Auch ökonomisch betrachtet, hat vegetarische Kost eine Menge Vorteile. Jedes Kilogramm des an Tiere verfütterten Getreides oder sonstiger Pflanzen wird nur in einen Bruchteil Fleischmasse umgesetzt. Decken die einen Menschen ihren Eiweißbedarf mit Fleisch, so können Vegetarier leicht dasselbe erreichen mit ähnlichen Mengen Getreide, Bohnen oder Linsen, Quark, Milch, ab und zu auch Eiern, in Kombination beispielsweise mit Kartoffeln. In der Regel ist der „Umweg" übers Fleisch also kostspieliger.

In vielen Ländern der Welt ist Fleisch ohnehin ein teures Luxusprodukt. Und so dürfte es niemanden verwundern, daß beispielsweise in Indien, in Italien oder auch in Mittel- und Südamerika die Küche traditionell stark vegetarisch geprägt ist. Aber auch Gerichte, die seit langer Zeit zur Alltagskost in unseren Breiten zählen – Maultaschen mit reiner Gemüsefüllung, Kaiserschmarren, Kartoffeln mit Quark und Salat und viele andere mehr –, entsprechen weitgehend den Anforderungen an eine gesunde, abwechslungsreiche, fleischlose Küche.

Die wenigen Beispiele mögen genügen, um klarzustellen: Vegetarisch zu leben ist alles andere als genußfeindliches Sektierertum, besteht aus weit mehr als bloßem „Körnerfressen", wie alte Vorurteile manchmal unterstellten. Einen leichten Hang zum Missionarischen kann man allenfalls bei einigen Menschen antreffen, die noch einen Schritt weiter gegangen sind und sich der völlig tierproduktfreien „veganen" Kost verschrieben haben: also ohne Eier, ohne Milch und Milch-

produkte. Für sie ist unser Buch auch nur bedingt geeignet. Zum einen, weil sich doch in vielen Rezepten Sahne, Quark oder Milch findet, zum anderen, weil eine gute vegane Ernährung umfangreiche medizinische und ernährungswissenschaftliche Kenntnisse erfordert.

Was vegetarische mit Vollwertkost verbindet

Wer sich bewußt gegen Fleisch oder Tierprodukte überhaupt entschieden hat, hat sich meistens schon gut informiert und viele Gedanken darüber gemacht, wie eine gesunde, ausgewogene Ernährung aussehen kann. Trotz größerer Meinungsunterschiede im einzelnen besteht unter Fachleuten und Ernährungsberatern weitgehend Übereinstimmung, was zu deren Grundprinzipien gehört. Unser Speiseplan sollte jeden Tag mindestens zu 50, am besten aber zu 60 % aus Kohlenhydraten bestehen, die in der Natur vor allem in Pflanzen vorkommen. Sie sind mengenmäßig unsere bedeutendsten Energielieferan-

ten und bestehen aus Einfach-, Zweifach- und Mehrfachzuckern. Einfach- und Zweifachzucker sind die landläufig als „Zucker" bezeichneten Verbindungen, die wir in Form von mit Zucker gesüßter Limonade, Süßspeisen, Backwaren etc zu uns nehmen: schnell im Blut, schnell in Energie umgesetzt, aber nur kurze Zeit sättigend. Hingegen braucht unser Verdauungssystem für Stärke und Zellulose, die wichtigsten Mehrfachzucker, einen längeren Zeitraum, um sie in Einfach- und Mehrfachzucker zu zerlegen. Wir finden diese nachhaltiger wirkenden Kohlenhydrate in Getreide und in nur wenig ausgemahlenem Mehl (Typbezeichnungen 1050 und höhere Zahlen), in Kartoffeln, Nudeln, Hülsenfrüchten, Naturreis, aber auch in Gemüse und Obst. Zudem bringen diese Nahrungsmittel in der Regel noch die unverdaulichen Ballaststoffe mit, die für eine gesunde Ernährung unentbehrlich sind. Ein weiterer lebenswichtiger Bestandteil unserer Nahrung sind Fette, die aber nicht mehr als 30 % unserer Energiezufuhr ausmachen sollten. In jedem Gramm Fett verbirgt sich

7

ungefähr doppelt soviel Energie wie in Kohlenhydraten und Eiweiß. Chemisch sind Fette die Verbindungen von Glycerinestern mit einfach oder mehrfach ungesättigten oder gesättigten Fettsäuren. Nach gängigen Empfehlungen – beispielsweise der Deutschen Gesellschaft für Ernährung (DGE) – liegen gesunde, normalgewichtige Menschen richtig, wenn sie ihren Fettbedarf zu je einem Drittel aus gesättigten Fettsäuren – wie aus Milch, Sahne und Butter –, aus einfach ungesättigten Fettsäuren – wie aus Olivenöl – und aus mehrfach ungesättigten Fettsäuren decken. Alle Fettsäuren werden in unserem Körper zerlegt und in Energie umgewandelt. Fast alle kann unser Körper auch selbst produzieren, nur die wichtigste unter den mehrfach ungesättigten Fettsäuren nicht, die Linolsäure. Sie ist beispielsweise in pflanzlichen Ölen aus Sonnenblumen- oder Kürbiskernen, aus Sesam- oder Distelsamen, aus Mais- oder Weizenkeimen enthalten, fördert den Stoffwechsel und muß mit der Nahrung zugeführt werden. Auch Linolsäure sollte man jedoch nur in Maßen zu sich nehmen, wie aus jüngsten Untersuchungen geschlossen werden kann.

Ideal ist es, wenn alle diese Öle auf dem Wege der Kaltpressung gewonnen werden, bei der Temperaturen von 40 °C nicht überschritten werden. Das bewahrt den hohen Gehalt an Vitaminen und Spurenelementen. Stark erhitzen läßt sich ohne geschmackliche Einbußen am ehesten Olivenöl, das sich deshalb zum Anbraten von Gemüse am besten eignet. Nicht von ungefähr ist Olivenöl für die Küche des Mittelmeerraumes wie auch für die gesamte vegetarische Ernährung ein wichtiger Bestandteil.

Nicht zu vergessen ist, wieviel Fett in manchen Nahrungsmitteln versteckt ist: in Eiern, in Käse, in Milchprodukten wie Sahne und Sahnequark. Wer jedoch auf die Angaben auf den Verpackungen achtet oder eine Ernährungstabelle benutzt, kann sich das leicht errechnen. Ohne Fette lassen sich auch manche andere wichtige Stoffe nicht aufschließen, so zum Beispiel die Vitamine A, D, E und K. – Insgesamt besteht jedoch stets die Gefahr, daß man zuviel Fett zu sich nimmt und langsam „ansetzt". Der beste Weg, dem zu entgehen, ist eine bewußt sparsame Verwendung jeglichen (auch „kalorienreduzierten") Fetts und nicht zuletzt häufige und reichliche Bewegung.

Schließlich ein Wort zum Eiweiß, dem wichtigsten Grundbaustein des Lebens: Es besteht aus Proteinen und Proteiden, die aus langen Ketten verschiedener Aminosäuren aufgebaut sind. 20 von ihnen sind für den Menschen wichtig, 8 müssen von außen mit der Nahrung zugeführt werden. Etwa 12 % der täglichen Nahrung darf aus Eiweiß bestehen, Kinder im Wachstum benötigen mehr, da sie noch viele neue Zellen bilden. Eiweiß dient nur in ganz geringem Maß der Energiegewinnung, und wenn doch, dann kann ein schwerer gesundheitlicher Mangel vorliegen.

Es gibt Eiweiß unterschiedlicher biologischer Wertigkeit, ein Argument, das von Gegnern einer streng vegetarischen, sprich veganen Kost oft und größtenteils zu Recht ins Feld geführt wird. Unbestritten ist, daß in Milch, Milchprodukten und Eiern hochwertiges Eiweiß steckt. Dieses läßt sich optimal in Kombination mit anderen Nährstoffquellen erschließen, so beispielsweise in den Verbindungen Kartoffeln mit Ei, Kartoffeln mit Milch, Quark, Sahne und Käse oder Hülsenfrüchte mit Ei oder Getreide sowie Getreide mit Milch und Milchprodukten. Die Varianten sind vielfältig, erfordern ein wenig Planung, und so kommt man für eine optimale Eiweißversorgung ganz ohne Fleisch aus. In bestimmten Fällen mag es allerdings sogar medizinisch geboten sein, ganz auf Tierprodukte zu verzichten. In jedem Fall ist bei dieser Form von Extremvegetarismus aber die Hinzuziehung eines Arztes erforderlich. Wer seinen veganen Speiseplan in Eigenregie zusammenstellt, läuft Gefahr, sich langfristig gesundheitlich zu schädigen.

Ganz frisch gekauft – hier sogar im Direktvertrieb eines Öko-Bauernhofs –, bald verarbeitet und gleich gegessen: das Ideal vegetarischer Ernährung.

Einkauf, Lagerung und Zubereitung

Die vegetarische Küche lebt wie jede andere von der Frische der Zutaten. Sachgerecht und nicht zu lange gelagert, dann schnell und schonend verarbeitet, nicht zerkocht – so bieten vegetarische Speisen dem Körper ein ausgewogenes Angebot an Nährstoffen. Enthält der tägliche Speiseplan obendrein ein wertvolles rohes Gericht – wie Müsli oder Frischkornbrei mit reifem Obst oder Salat der Saison –, so wird es auch nie an Vitaminen mangeln. Die nötigen Mineralstoffe und Spurenelemente, beispielsweise Eisen für die Blutbildung, Jod für die Schilddrüsenfunktion, holen wir uns außer aus Obst und Gemüse auch aus Milch, aus dem vollen Getreidekorn und aus Jodsalz. Generell sollten wir mit Salz jedoch sparsam umgehen, frische Kräuter sind nicht nur gesünder, sondern geben vielen Gerichten auch eine würzigere Note.

Zwei Anmerkungen zum Schluß: Lassen Sie sich beim Essen Zeit, kauen Sie intensiv, das fördert den Genuß und hilft, viele wertvolle Inhaltsstoffe zu erschließen. Und lassen Sie sich von unserer Rezeptsammlung auch dazu anregen, selbst abzuwandeln und zu experimentieren. Sie werden erstaunt sein, wie viele angenehme Überraschungen die vegetarische Küche zu bieten hat.

Müslivarianten

Frischkorn-Müsli mit Beeren (links)

8 EL Hafer, ¼ Liter Wasser
100 g Quark, 300 g Naturjoghurt, 2 EL Honig
200 g Johannisbeeren, rot und/oder schwarz, oder Stachelbeeren
4 EL Kürbiskerne

Den Hafer grob schroten, mit dem Wasser übergießen und über Nacht an einem kühlen Platz abgedeckt quellen lassen. Quark, Joghurt und Honig unterrühren. Die Beeren verlesen, waschen, abtropfen lassen, darunter mischen. Alles mit Kürbiskernen bestreuen.

Heidelbeer-Müsli mit Joghurt (oben)

etwa 50 g Weizenkörner, 100 ml Wasser
200 g Heidelbeeren, 1 unbehandelte Zitrone
40 g Rosinen
je 1 Messerspitze Anis, Nelkenpulver und Zimt
2 EL Birnendicksaft
500 g Naturjoghurt (Bioghurt)

Den Weizen eventuell verlesen und abspülen. Die Körner im Wasser kurz aufkochen, etwa ½ Stunde bei kleinster Hitze köcheln, danach 1 weitere Stunde quellen lassen. – Oder: nur kurz aufkochen, Platte abschalten, Weizen über Nacht weiter quellen lassen.
Die Heidelbeeren waschen, verlesen und trockentupfen. Die Zitrone warm abwaschen und trockenreiben. Die Schale abreiben, den Saft auspressen und die Beeren damit beträufeln. Zitronenschale, Weizenkörner, Rosinen und Gewürze zu den Beeren geben, alles mit Birnendicksaft süßen. Den Joghurt durchrühren und unter das Müsli ziehen.

Frischkäse-Müsli mit Haferflocken (rechts)

je 2 Kiwis, Feigen und Äpfel
400 g körniger Frischkäse (Hüttenkäse)
50 g Vollkornhaferflocken
40 g Rosinen
gut ¼ Liter frische Vollmilch
2 EL Pinien- oder 1 EL Sonnenblumenkerne

Kiwis und Feigen schälen. Kiwis in Scheiben und Feigen in Würfel schneiden. Äpfel waschen, mit der Schale grob raffeln, zum Frischkäse geben. Haferflocken, Rosinen, Feigenstücke und Milch dazumischen. Jede Portion mit Kiwischeiben schön anrichten und mit Pinienkernen bestreuen.

Um an die ganze Kraft des vollen Korns im Müsli zu kommen, gibt es mehrere Möglichkeiten: mit Hilfe einer guten Getreidemühle das Getreide – gerne Hafer, aber auch Weizen, Roggen und Dinkel – grob schroten und über Nacht in Wasser eingeweicht kühl stellen. Oder die ganzen Körner aufkochen und quellen lassen, was mindestens knapp 2 Stunden Zeit erfordert. Wer beides vergessen hat und trotzdem spontan ein Müsli genießen mag, kann sich mit Vollkornflocken behelfen.
Die Zutaten fürs Müsli lassen sich darüber hinaus beinahe nach Belieben variieren: Obst je nach Saison, Nüsse, Kerne und Samen, Joghurt, Sauer-, Butter- oder Vollmilch, Sahne oder einfach nur Mineralwasser oder Saft – wer die Abwechslung liebt, hat hier ein weites Probierfeld.

Vollkornbrötchen

Quarkbrötchen (oben)

Zutaten für etwa 10 Stück:
125 g Speisequark
1 Ei, 2–3 EL Olivenöl
Meer- oder Jodsalz
je 1 TL Zitronen- und Orangenschale
1–2 EL Hagebuttenmark
60 g ungeschwefelte Rosinen
gut 50 g Weizenvollkornmehl
60 g Nußkerne
½ TL Weinsteinbackpulver
2 Eigelb, etwas Milch
Sonnenblumenkerne

Den Quark mit dem Ei und dem Olivenöl in eine Schüssel geben und glattrühren. Mit Salz, Zitronen- und Orangenschale und dem Hagebuttenmark abschmecken. Die Rosinen mit etwas Mehl bestauben. Die Nußkerne grob hacken. 50 g Mehl mit dem Backpulver mischen. Diese Zutaten zur Quarkmasse geben und alles zu einem kompakten Teig verarbeiten. Auf einer bemehlten Arbeitsfläche kurz durchkneten. Portionsweise Brötchen abdrehen und diese auf ein mit Backtrennpapier ausgelegtes Backblech setzen. Den Backofen auf 180 bis 200 °C vorheizen. Die Brötchen mit einem Messer kreuzweise einschneiden. Das Eigelb mit etwas Milch glattrühren. Die Brötchen damit bestreichen und mit Sonnenblumenkernen bestreuen. Im vorgeheizten Backofen 15 bis 20 Minuten backen.

Vollkornbrötchen mit Kräutern (unten)

Zutaten für etwa 10 Stück:
½ Päckchen Frischhefe (20 g)
¼ Liter Milch
1 EL Honig
300 g Fünf-Korn-Mehl
1 Prise Meer- oder Jodsalz
50 g gehackte Nüsse
50 g Sesamsamen
1 Tasse Kräuter
Milch zum Bestreichen

Die Hefe zerbröckeln, die Milch erhitzen. Das Gefäß vom Feuer nehmen und die Hefe mit dem Honig einrühren. 10 Minuten an einem warmen Ort gehen lassen. Das Mehl mit etwas Salz vermischen, die Hefemilch dazugeben. Zu einem Teig verrühren. Mit dem Kochlöffel so lange schlagen, bis er Blasen wirft. Zugedeckt an einem warmen Ort 30 Minuten gehen lassen. Den Teig erneut kräftig durchschlagen und gehen lassen. Die Nüsse, die Sesamsamen und die gehackten Kräuter zum Teig geben. Auf einer bemehlten Arbeitsfläche kräftig durcharbeiten. Portionsweise Brötchen formen und auf ein mit Backtrennpapier ausgelegtes Backblech setzen. Den Backofen auf 180 bis 200 °C vorheizen. Die Brötchen auf dem Blech noch einmal zugedeckt an einem warmen Ort 10 Minuten gehen lassen, mit etwas warmer Milch bestreichen und im vorgeheizten Ofen 20 bis 25 Minuten backen.

Deftiger Käse und Quark

Harzer Tatar (Foto)

400 g Harzer Käse
2 Zwiebeln
150 g weiche Butter
2 EL Senf
2 TL Paprikapulver edelsüß
3 Eigelb
5 EL saure Sahne
4 Scheiben Bauernbrot
4 knackige Salatblätter
2 Tomaten
Crème fraîche
Schnittlauchröllchen
oder fein gehackter Bärlauch

Den Käse fein hacken. Die Zwiebeln schälen, ebenfalls fein hacken und zum Käse geben. Butter, Senf, Paprika, Eigelb und Sahne verrühren und untermengen. Alles einige Minuten durchziehen lassen.

Inzwischen das Brot auf Tellern oder Küchenbrettchen anrichten und mit den gewaschenen, abgetropften Salatblättern belegen. Die Tomaten waschen, vom Stielansatz befreien, in Scheiben schneiden. Den Käsesalat auf den Brotscheiben verteilen, mit Tomatenscheiben belegen Zuletzt nach Geschmack mit Crème fraîche und Schnittlauchröllchen oder feingehackten Bärlauch garnieren.

So vielseitig wie die Essenszeit ist auch die Auswahl an Getränken zu beiden Gerichten: Sauermilch, Apfelsaft und -most, auch Bier oder ein Glas Wein – alles ist erlaubt.

Weißer Käse

1 kg Magerquark
2 Becher (300 ml) süße Sahne
2 Zwiebeln
2 Bund Schnittlauch
Pfeffer, Salz
nach Belieben etwas Paprikapulver
oder Kümmel

Den Quark mit der Sahne sämig aufschlagen. Zwiebeln schälen, Schnittlauch waschen, beides fein schneiden, zum Quark geben. Alles mit Pfeffer, Salz sowie nach Belieben Paprika und Kümmel abschmecken. Dazu passen außer Brot oder Brötchen genausogut heiße Pellkartoffeln, bevorzugt neue Kartoffeln, und ein Stück Butter.

Zwei kräftige Gerichte, die außer zum späten, vielleicht zweiten Frühstück eigentlich zu jeder Tageszeit munden: Grundlage des Harzer Tatars ist der – manchen Nasen eher stinkende als schmeichelnde – Harzer Käse, goldgelb und am besten schon ein wenig reif: die Hülle noch fest, der Kern im Laufen begriffen.

Weiße Käs' nennen die Pfälzer diese Art selbstgemachten Frischkäse. Er ist dem bayerischen *Obatzda* aus Camembert und Butter in gewisser Weise ähnlich. Und auch der Sauermilchkäse Harzer hat einen bekannten Verwandten: den Mainzer Käse, der zum Beispiel in Hessen mit zwieblig-würziger Marinade zu *Handkäs' mit Musik* verfeinert wird.

Brotaufstrich vom Feinsten

Quarkaufstrich (hinten)

100 g Salatgurke, 6 Radieschen

½ Bund Dill

250 g Magerquark

1–2 EL kaltgepreßtes Sonnenblumenöl

1½ EL Tahin (Sesampaste)

Meersalz, weißer Pfeffer

Gurke und Radieschen waschen, Gurke eventuell schälen, in kleine Würfel, Radieschen in Scheiben schneiden. Dill waschen, trockenschwenken, hacken, alles unter den Quark mischen. Öl zugeben und mit den Gewürzen abschmecken.

Marzipancreme (Mitte links)

je 100 g Mandeln, Pinien- und Pistazienkerne

je 3 EL Sojaöl und Honig

je 1 EL Rosenwasser und Wasser

Die Mandeln blanchieren und abziehen. Alle Zutaten pürieren. Die Creme kann gut verschlossen bis zu 3 Wochen im Kühlschrank aufbewahrt werden.

Mandel-Pistazien-Mus (Mitte rechts)

1 kleine unbehandelte Orange

60 g Rosinen

je 200 g Mandeln und Pistazien

100 g flüssiger (Orangen-)Blütenhonig

Die Orange warm abwaschen und trockenreiben. Die Schale abreiben, den Saft auspressen, die Rosinen darin ½–1 Stunde einlegen. Mandeln blanchieren, abziehen, ohne Fett etwa 4–5 Minuten rösten, dabei öfters rühren, abkühlen lassen. Mandeln mit Pistazien mahlen oder pürieren und zum Honig geben. Rosinen untermischen. Das Mus im Kühlschrank aufbewahren und innerhalb etwa 1 Woche verbrauchen.

Kräuterquark (vorne)

4 EL frische Kräuter

(Dill, Petersilie, Schnittlauch, Kerbel)

1 Knoblauchzehe

250 g Magerquark,

nach Belieben 1–2 EL Milch

1½–2 EL Misopaste (milchsaure Sojawürze)

Kräuter waschen, trockentupfen und hacken. Knoblauch schälen und fein zerkleinern oder zerdrücken. Alles zum Quark geben, eventuell mit Milch verrühren. Mit Misopaste würzen.

Knoblauchaufstrich

125 g Magerquark

nach Belieben 1–1½ EL Milch oder Öl

1 kleine Zwiebel, 2 Knoblauchzehen

1 Frühlingszwiebel, 1 Essiggurke

Salz, Pfeffer

½ TL Tsatsikigewürz

½ Bund Petersilie

Den Quark in einer Schüssel nach Bedarf entweder mit Milch oder Öl verrühren. Zwiebel und Knoblauch schälen und fein hacken. Die Frühlingszwiebel waschen, putzen und wie die Essiggurke fein würfeln. Alle Zutaten zum Quark geben und kräftig würzen. Die Petersilie waschen, fein hacken und dazugeben.

16

Dreimal farbenfroher Salat

Rote-Bete-Salat (Foto)

3 mittelgroße rote Bete
200 g Karotten, 150 g Knollensellerie
1 saurer Apfel, Saft von ½ Zitrone
1 mittelgroße Zwiebel, 1 Knoblauchzehe
2 EL Mayonnaise, 300 g Naturjoghurt
1 TL geriebener Meerrettich
½ TL Paprikapulver edelsüß
je 1 Prise Salz, Pfeffer, Cayennepfeffer und Zucker

Rote Bete, Karotten und Sellerie waschen, schälen und in feine Streifen raspeln. Den Apfel waschen, vom Kerngehäuse befreien, eventuell schälen, ebenfalls raspeln und mit dem Gemüse vermischt auf einer Platte anrichten. Mit Zitronensaft beträufeln.

Zwiebel und Knoblauch schälen, fein schneiden, mit den restlichen Zutaten zu einer Sauce verrühren und getrennt zum Salat reichen.

Bunter Salatteller

Für die Sauce: 1 Knoblauchzehe
4 EL Zitronensaft, Salz, weißer Pfeffer
1 TL Kräutersenf, 7–8 EL Olivenöl
3 EL saure Sahne
frische Kräuter wie Thymian, Basilikum, Estragon und Kerbel
Für den Salat: ½ Eisbergsalat
2 Frühlingszwiebeln
je 1 grüne und rote Paprikaschote
4 Tomaten, 2 Avocados
1 Bund glattblättrige Petersilie
6 EL Roggenkeime,
200 g Mozzarella
12 schwarze Oliven

Für die Sauce den Knoblauch schälen und sehr fein schneiden oder zerdrücken. Zitronensaft, Gewürze, Knoblauch, Senf, Öl und saure Sahne verrühren. Die Kräuter eventuell waschen und trockentupfen, hacken und zur Sauce geben. Alle Salatzutaten gut waschen. Den halben Eisbergsalat in Streifen schneiden; die übrige Hälfte hält sich gut gekühlt bis zum nächsten Tag. Frühlingszwiebeln in schmale Ringe schneiden, Paprikaschoten halbieren, entkernen und in Streifen schneiden. Tomaten vierteln, Stielansätze entfernen. Die Avocados schälen, dann würfeln. Die Petersilie waschen, trockenschütteln, einige Blättchen zum Garnieren zurückbehalten, den Rest hacken. Die Salatzutaten mischen und mit den Roggenkeimen auf Tellern verteilen. Den Mozzarella in Scheiben schneiden und mit den Oliven und der Sauce über dem Salat verteilen. Sofort servieren.

Radicchio-Orangen-Salat

2 mittelgroße Köpfe Radicchio
5 EL Mayonnaise, Salz, weißer Pfeffer
½ TL Zucker oder Honig
2 Orangen oder 1 süße Grapefruit

Den Radicchio zerteilen, waschen, abtropfen lassen und die Blätter in mundgerechte Stücke schneiden oder rupfen. Aus Mayonnaise, Salz, Pfeffer und Zucker eine Marinade rühren, die Salatstücke zugeben und kurz ziehen lassen. Die Orangen oder die Grapefruit schälen, in Spalten teilen und sauber enthäuten. Die Orangen- oder Grapefruitfilets unter die Salatmischung heben und das Ganze einige Minuten durchziehen lassen.

Warmer Spargelsalat
Lauchsalat

Warmer Spargelsalat (Foto)

1 kg frischer Spargel
1 Prise Zucker, 1 EL Butter
Salz
je 3 EL Essig und Öl
½ TL Zitronensaft
1–2 EL Schnittlauch

Den Spargel – wenn von der Sorte her nötig – vorsichtig vom Kopf her schälen und holzige Enden abschneiden. Die Spargelstangen zu zwei Bündeln mit Garn zusammenbinden, die Spargel mit den Köpfen nach oben in ein hohes Gefäß mit kochendem Wasser stellen. Die Köpfe dürfen herausschauen, werden so gedämpft und das Wasser soll nur schwach sieden. Zucker und Butter hinzufügen, vorsichtig salzen und Spargel in 15 bis 20 Minuten gerade eben weich garen. Die Bündel herausnehmen, das Gemüsewasser aufheben, die Garnfäden entfernen, den Spargel in 4 Portionen teilen.

Aus Essig, Öl, Zitronensaft und etwas Gemüsewasser eine Marinade rühren, über den Spargel gießen. Nach Belieben mit etwas gehacktem Schnittlauch garnieren.

Jede Sorte Spargel, ob grün, violett oder weiß, besitzt ihre eigene Qualität: Grüne Spargelspitzen waren bereits am Licht, konnten so Vitamin C anreichern; grüner Spargel muß in der Regel auch kaum oder gar nicht geschält werden. Weißer Spargel der Klasse 2 darf schon holzige Stellen aufweisen, doch diese ergeben abgeschält noch die Grundlage für eine köstliche Suppe.

Lauchsalat

8 Stangen Lauch (Porree), Salz
je 2 EL saure Sahne und Essig
je 1 TL Senf und Meerrettich
je ½ TL Salz und Pfeffer
einige Stengel Schnittlauch
nach Belieben Zitronenmelisse

Vom Lauch die dunkelgrünen Blatteile und die Wurzeln entfernen. Die Stangen waschen und in schwach gesalzenem Wasser in etwa 30 Minuten noch bißfest garen. Vorsichtig herausnehmen, abkühlen lassen, in etwa 5 cm lange Stücke schneiden und in eine flache Schüssel oder Schale legen.

Aus Sahne, Essig, Senf, Meerrettich, Salz und Pfeffer eine Marinade verrühren. Über die Lauchstücke gießen. Den Salat kühl stellen und mindestens 1 Stunde durchziehen lassen. Vor dem Auftragen Schnittlauch waschen, trockentupfen, in feine Röllchen schneiden und eventuell mit etwas feingeschnittener Zitronenmelisse über den Salat streuen. Gut paßt dazu jede Art knuspriges Brot.

Regenbogensalat

10 getrocknete Tongupilze (Shitake)
1 Salatgurke
Salz
je 1 rote und gelbe Paprikaschote
100 g Karotten
1 kleines Bund Lauchzwiebeln
1 Dose Sojakeimlinge (220 g)
1 Ei
5 EL Erdnuß- oder Maisöl
1 EL Sojasauce
1 EL Reiswein
2 EL Weinessig
1 EL scharfer Senf
1 EL Zucker
1 EL Pinienkerne

Pilze in heißem Wasser 30 Minuten einweichen, Stiele entfernen, Hüte in Streifen schneiden. Gurke schälen, längs halbieren, Kerne auskratzen und entfernen. Gurkenhälften in hauchdünne Scheiben schneiden und salzen. Nach 15 Minuten ausgetretenes Wasser abtupfen, Gurke beiseite stellen.
Paprikaschoten waschen, entkernen, in Streifen schneiden. Karotten putzen, schälen und stifteln. Lauchzwiebeln putzen, waschen, das Weiße fein hacken, das Grüne in Röllchen schneiden. Sojakeimlinge auf einem Sieb kurz abwaschen, abtropfen lassen. Das Ei verquirlen und beiseite stellen.
4 EL Öl im Wok oder in einer tiefen Pfanne erhitzen, weiße Teile der Lauchzwiebeln glasig dünsten, Pilz- und Paprikastreifen unter Rühren 2–3 Minuten braten, dann Karottenstifte und Sojakeimlinge dazugeben und unter Rühren 2 Minuten weiter braten. Die grünen Teile der Lauchzwiebeln dazugeben und noch 2 Minuten weiter pfannenrühren. Das Gemüse herausnehmen, auf einer Platte oder in einer Schüssel abkühlen lassen.
Das restliche Öl in Wok oder Pfanne erhitzen, aus dem Ei ein Omelett backen und in Streifen schneiden.
Für die Salatsauce Sojasauce, Reiswein, Weinessig, Senf und Zucker verrühren. Die Gurkenscheiben roh zum Gemüse geben, Salatsauce darüber gießen, alles mischen. Pinienkerne darüber streuen, Omelettestreifen in Gitterform darauf legen.

Für diesen chinesischen Salat aus Shanghai, der in allen Regenbogenfarben leuchtet, ist das richtige Küchengerät von entscheidender Bedeutung. Ein Wok mit seiner runden, abgeflachten Form oder eine gute Bratpfanne mit hohem Rand erleichtert das gleichmäßige, ständige Rühren. Wok oder Pfanne werden erst erhitzt, dann kommt das Öl hinein und wird geschwenkt. So werden die kleingeschnittenen Zutaten in der richtigen Reihenfolge trotz der kurzen Bratzeit vollständig gar. Und sie behalten ihre wertvollen Inhaltsstoffe weitgehend. Nach dem Garen muß die Speise unbedingt aus der Pfanne genommen werden, denn die große Hitze würde ihr schnell Festigkeit und Frische rauben.

Panzanella
Sauerkrautsalat

Panzanella, Brotsalat (Foto)

750 g altbackenes Weißbrot
2 große rote Zwiebeln
4 Salattomaten
2 Stangen Staudensellerie
1 Salatgurke
15–20 Basilikumblätter
Salz, frisch gemahlener Pfeffer
5–6 EL Olivenöl, 3–4 EL Weinessig

Das Weißbrot in kleine Stücke teilen, mit Wasser befeuchten. Wenn es gut durchgeweicht ist, kräftig ausdrücken und zerpflücken. Dann in eine Salatschüssel geben. Die Zwiebeln schälen, die Tomaten waschen, vom Stielansatz befreien, die Sellerie putzen, waschen und abtropfen lassen, die Gurke schälen. Alle vier Zutaten in kleine Stücke schneiden. Von der Hälfte des Basilikums die Blättchen mit den Fingern kleiner zupfen oder rasch schneiden und sofort darüber streuen.

Den Salat mit Salz und reichlich Pfeffer würzen, mit Öl übergießen und 3 bis 4 Stunden kühl stellen. Vor dem Servieren den Weinessig untermischen, mit den restlichen Basilikumblättern verfeinern und eventuell nachwürzen. Kühl servieren.

Sauerkrautsalat

500 g mildes Sauerkraut
2 Äpfel, 3 Essiggürkchen
1 kleine Zwiebel, 3 EL saure Sahne
eventuell 1 Messerspitze Zucker

Das rohe Sauerkraut fein schneiden und mit einer Gabel auflockern. Äpfel waschen, nicht schälen, wie die Essiggürkchen klein würfeln. Die Zwiebel schälen und fein hacken. Alles mit der Sahne und nach Geschmack mit etwas Zucker gut vermischen.

Panzanella, der toskanische Brotsalat, ist ein traditionelles, sommerliches „Fertiggericht" der einheimischen Bauern – Brot, Gemüse und Olivenöl gemeinsam in einem Gericht. Morgens, vor der Arbeit im Weinberg oder Olivenhain, konnte die Panzanella vorbereitet und dann zur Arbeit mitgenommen werden. Wer im Sommer einmal Brot übrig hat, kann es leicht noch verwerten und sich diesen Genuß verschaffen: mit frischen Zutaten aus dem eigenen Garten oder vom Markt. Und wer will, macht die Panzanella noch üppiger, zum Beispiel mit hart gekochten, gehackten Eiern.

Panzanella braucht frische Sommerzutaten; aus Sauerkraut – einem günstigen, guten Vitaminspender – läßt sich auch im Winter und Frühjahr ein ausgezeichneter Salat komponieren. Das Rezept hier stammt aus dem Rheinland, Varianten nennen die Beigabe anderer Früchte oder auch gehackter Nüsse.

Pochierte Eier mit Knoblauchjoghurt und Pide

Pochierte Eier (Foto)

3 Knoblauchzehen
500 g Naturjoghurt, Salz
40 g Butter
1 TL scharfes Paprikapulver
(oder 1 TL Paprikapulver mild und
1 Prise Cayennepfeffer)
4 EL Weißweinessig, 8 Eier

Knoblauch schälen und sehr fein zerkleinern oder zerdrücken. In einer Schüssel den Joghurt mit Knoblauch und Salz nach Geschmack verrühren. Die Butter zerlassen, das Paprikapulver untermischen und warm stellen. Einen großen Topf zur Hälfte mit Wasser füllen, Essig und 1 Teelöffel Salz zugeben. Das Wasser zum Sieden bringen. 1 Ei aufschlagen und vorsichtig in eine große Suppenkelle gleiten lassen. Kelle mit dem Ei in das siedende Wasser tauchen und das Ei vorsichtig hineingeben. Die restlichen Eier genauso zubereiten, das Wasser stets am Sieden halten.

Jedes Ei ist nach 4–5 Minuten fertig, außen fest und innen weich, und wird mit dem Sieblöffel herausgenommen. Abgetropfte Eier auf eine flache Form legen, mit dem Joghurt bedecken und die gewürzte Butter darauf verteilen.

Zu diesem leichten und schnell zubereiteten türkischen Sommergericht wird frisches Fladenbrot gereicht und ein Salat nach Geschmack.

Pide, Fladenbrot

Zutaten für 1 großes oder 2 kleine Brote:
1 Würfel Hefe (42 g), 500 g Weizenmehl
½ TL Salz, etwas Öl für Hände und Blech
1 Eigelb, 1 TL Zucker, 1 TL Olivenöl
2 EL Sesamsamen, 1 TL schwarzer Kümmel

Hefe in ⅛ Liter lauwarmem Wasser auflösen. Mehl in eine große Schüssel geben, mit den Händen lockern. In die Mitte eine Vertiefung drücken und die Hefemischung hineingeben. Salz an den Rand streuen. Von der Mitte aus die Hefe mit dem Mehl verrühren, noch ⅛ Liter warmes Wasser zugießen, erst rühren, dann verkneten. Hände etwas einölen, damit der Teig nicht an den Fingern klebt. Er sollte weich und geschmeidig sein. Teig an einem warmen Platz abgedeckt etwa 30 Minuten gehen lassen, bis sich sein Volumen verdoppelt hat. Einen oder zwei runde, flache Fladen formen, wobei die Ränder etwas dicker sein sollten als die Mitte, und auf ein gefettetes Blech legen. Mit dem nassen Zeigefinger regelmäßige Vertiefungen eindrücken, so daß ein Rautenmuster entsteht. Eigelb, Zucker, Olivenöl und 1 Eßlöffel Wasser verrühren. Fladen damit einpinseln, mit Sesam und schwarzem Kümmel bestreuen. Den Backofen auf 225 °C vorheizen. Pide nochmals 15 Minuten gehen lassen, dann im vorgeheizten Ofen 20 bis 30 Minuten backen, bis sich das Brot golden färbt.

Zwei Varianten Artischocken

Artischockenböden in Olivenöl (Foto)

4 große, runde Artischocken

2 Zitronen

1 EL Mehl, 1 TL Salz

8 Schalotten, je 2 mittelgroße Karotten
und Kartoffeln, 100 g Knollensellerie

7 EL Olivenöl, 1 TL Zucker

1 Prise schwarzer Pfeffer

50 g Erbsen (Tiefkühlware), 1 Bund Dill

Von den Artischocken die Blätter abschneiden
und das „Heu" mit einem Eßlöffel herausnehmen. Die Zitronen halbieren, mit einer Hälfte
die Artischocken abreiben, damit die Böden
nicht dunkel werden. Vom Stiel etwa 2 cm
stehen lassen und vom Boden aus fein ab-
schälen. Die Zitronen auspressen, 1½ Liter
Wasser mit Zitronensaft, Mehl und Salz
mischen und die Artischocken sofort nach
dem Schälen hineingeben. Schalotten schälen,
Karotten putzen, Kartoffeln und Sellerie
schälen, Karotten in Scheiben oder Würfel,
Kartoffeln und Sellerie in Würfel schneiden.
Dieses Gemüse in einen breiten Topf geben,
Artischocken dazwischen betten. Öl, Zucker
und Pfeffer hinzufügen, Artischockenwasser
zugießen und alles bei geschlossenem Topf
etwa 40 Minuten bei mittlerer Hitze kochen,
bis die Böden gar sind. Dill waschen,
trockentupfen, einen Teil kleinschneiden und
10 Minuten vor Ende der Garzeit mit den Erbsen untermischen. Gemüse im Sud erkalten
lassen. Auf jeden Teller 1 Artischocke mit dem
Stiel nach oben legen, das Gemüse ringsum
anrichten, mit dem restlichen frischen Dill
garnieren.

Dalmatinische Artischocken

4 junge Artischocken, 1 TL Salz

etwas Zitronensaft

Für die Füllung:

1 Knoblauchzehe, 3 EL Paniermehl

2 EL gehackte Petersilie, Salz, Pfeffer

4 EL Olivenöl

Die Artischocken großzügig von den Außen-
blättern befreien und in etwa 1½ Liter Salzwasser mit etwas Zitronensaft rund 30 Minuten kochen. Die Blattspitzen abschneiden, die
Innenblätter entfernen und das „Heu" mit
einem Löffel herausheben.
Knoblauch schälen und fein hacken, mit Paniermehl und Petersilie vermischen, mit Salz und
Pfeffer würzen und in die Öffnung der Artischocken füllen. Artischocken in eine passende
Kasserolle stellen. Das Öl darüber träufeln
und so viel Wasser aufgießen, daß die Artischocken zur Hälfte im Wasser stehen. Bei
mittlerer Hitze zugedeckt 30–40 Minuten
garen. – Abgekühlt oder noch warm als Vorspeise servieren.

Die etwa faustgroßen Blütenköpfe der „eß-
baren Distel" – Kulturpflanze in Italien,
Frankreich und anderswo – ergeben, richtig
vorbereitet, eine wahre Delikatesse. Von sehr
jungen Artischocken können Sie alles genießen; bei älteren Exemplaren schneidet
man das obere Drittel mit den fleischlosen
Jungblättern und den Samenfäden sowie alle
holzigen Außenblätter ab. – Und zum Kochen
bitte keinesfalls Aluminiumgeschirr verwenden, es verfälscht den feinen Geschmack.

Brandenburger Haferklößchensuppe

Für die Haferklößchen:

1 Bund Petersilie
etwa 110 g Hafer oder 100 g Haferschrot
2 EL Butter
200 ml Gemüsebrühe
1 Ei
Salz, Pfeffer, Muskatnuß

Für die Suppe:

1 mittelgroße Zwiebel
1 Karotte
1 Stange Lauch (Porree)
1 EL Butterschmalz
¼ Liter Milch
½ Liter Gemüsebrühe
2 Kästchen Kresse
Salz, Pfeffer
⅛ Liter süße Sahne

Für die Haferklößchen: Die Petersilie waschen, trockenschütteln, fein hacken und beiseite stellen. Den Hafer verlesen und frisch schroten, 100 g abwiegen; oder fertigen, frisch geschroteten Hafer verwenden. Die Butter mit der Gemüsebrühe erhitzen und aufkochen lassen, den Haferschrot unterrühren. Etwa 1 Minute unter Rühren kochen lassen. Das Ei verquirlen und mit der Petersilie unter die Hafermasse rühren. Mit Salz, frisch gemahlenem Pfeffer und frisch geriebener Muskatnuß abschmecken. Mit einem Teelöffel kleine Klößchen abstechen und in ausreichend heißem Salzwasser bei kleiner Hitze gar ziehen lassen.

Sobald die Klößchen an die Oberfläche steigen, sind sie gar. Klößchen herausnehmen und warm stellen.

Für die Suppe die Zwiebel schälen und würfeln, die Karotte putzen und in dünne Scheiben schneiden, den Lauch putzen, waschen, die dunkelgrünen Teile entfernen, den Rest in Ringe zerteilen. Das zerkleinerte Gemüse in dem zerlassenen Butterschmalz unter Rühren etwa 2 Minuten anbraten. Mit der Milch und der Gemüsebrühe ablöschen und das Ganze etwa 15 Minuten köcheln lassen. Die Kresse abschneiden, waschen, trockentupfen und kleinschneiden. Die Suppe vom Herd nehmen, mit Salz und Pfeffer würzen, die Kresse bis auf einen kleinen Rest in die Brühe geben, etwas für die Garnitur zurückbehalten. Die Suppe mit dem Handmixer gut pürieren, nochmals abschmecken und bei Bedarf nachwürzen. Die Sahne halbsteif schlagen und unter die Suppe ziehen. Die Klößchen einlegen und mit der restlichen Kresse garnieren.

Hafer gilt als wahre Kraftnahrung, dank seines unter allen Getreiden höchsten Gehaltes an Eiweiß und Fett. Die schon bei der Herstellung gedarrten Haferflocken stellen eine ausgezeichnete Form dar, den vollen Wert des auch an Mineralstoffen reichen Korns zu bewahren. Wer frischen Hafer schrotet, sollte das nicht auf Vorrat tun, sondern gleich alles verbrauchen. Unsere Suppe hier bedarf zwar einiger Vorbereitung, doch sie wiegt das mit ihrem ungewöhnlich guten Geschmack auf.

Gazpacho
Batatensuppe

Gazpacho (Foto)

750 g vollreife Tomaten

1 mittelgroße weiße Zwiebel

1 Knoblauchzehe

je 1 rote und grüne Paprikaschote

1 Salatgurke

3 Scheiben Weißbrot ohne Rinde

Salz, schwarzer Pfeffer

3 EL kaltgepreßtes Olivenöl

3 EL Sherry-Essig, ¼ Liter Eiswasser

Die Tomaten mit kochendem Wasser übergießen, kurz stehen lassen, mit kaltem Wasser abschrecken und pellen. Von den Tomaten die Stielansätze herausschneiden, die Kerne und die Flüssigkeit mit einem Teelöffel herauskratzen und das Tomatenfleisch würfeln. Zwiebel und Knoblauch schälen. Die Zwiebel würfeln, den Knoblauch zerdrücken. Paprikaschoten halbieren, Kerne und Stielansätze entfernen, die Schoten waschen und in Würfelchen schneiden. Die Gurke schälen, längs halbieren und die Kerne herauskratzen. Gurke klein würfeln. Jeweils ein Drittel der Gemüsewürfel separat in Schüsselchen geben und kühl aufbewahren.

Das Weißbrot in Wasser einweichen und ausdrücken. Mit dem restlichen Gemüse und dem Knoblauch in einen Mixer geben und pürieren. Püree mit Salz und frisch gemahlenem Pfeffer abschmecken, das Öl und den Essig unterrühren. Die Suppe mit dem Eiswasser strecken und zugedeckt im Kühlschrank gut durchkühlen lassen. Kurz vor dem Servieren die Suppe durchrühren und erneut abschmecken. Die Gemüsewürfel getrennt reichen, jeder nimmt sich davon nach Belieben. Schneller kühlt die Suppe ab, wenn man einige Eiswürfel, der Eiswassermenge entsprechend, mit dem Gemüse im Mixer zerkleinert. Dann jedoch kein weiteres Wasser zugeben.

Batatensuppe

600 g Bataten, 200 g Karotten

1 Liter Wasser

je 1 Messerspitze Basilikum und Liebstöckel

Salz, schwarzer Pfeffer

2 Zwiebeln, 1 EL Butter

125 g Crème fraîche, ⅛ Liter süße Sahne

2 TL eingelegte grüne Pfefferkörner

½ Bund Kerbel

Bataten und Karotten waschen, schälen und in Scheiben oder Stücke schneiden. Das Wasser zum Kochen bringen, die Gewürze hinzufügen, das Gemüse etwa 25 Minuten kochen. Die Zwiebeln schälen, hacken und in der erhitzten Butter andünsten. Anschließend Bataten, Karotten und Zwiebeln mit dem Mixer pürieren oder durch ein Sieb streichen. Crème fraîche und Sahne hinzufügen, alles erwärmen, aber nicht mehr kochen lassen. Suppe abschmecken, Pfefferkörner hineingeben, mit Kerbelblättchen bestreuen.

Blattspinat mit Sojakeimlingen
Spinat in Gorgonzola

Blattspinat mit Sojakeimlingen (Foto)

500 g frischer Spinat, Salz
3 Knoblauchzehen, 3 Lauchzwiebeln
3 EL Erdnuß- oder Maisöl
1 EL Honig, 2 EL Sojasauce, Pfeffer
1 EL Sesamsamen
1 Dose Sojakeimlinge (Abtropfgewicht 220 g)
1 Chilischote, etwas Tomatenmark

Spinat putzen, mehrmals waschen und abtropfen lassen. Salzwasser zum Kochen bringen, Spinat kurz blanchieren, herausnehmen, abtropfen lassen. Knoblauch schälen, Lauchzwiebeln putzen, waschen, beides fein hacken. 1 EL Öl im Wok oder in einer tiefen Pfanne erhitzen, die Hälfte des Knoblauchs und der Lauchzwiebeln darin glasig dünsten, Blattspinat dazugeben und alles unter Rühren 1 Minute dünsten. Honig, 1 EL Sojasauce, Salz und Pfeffer dazugeben und unter Rühren weiter dünsten. Zum Schluß Sesamsamen darüber streuen. Warm stellen.

Die Sojakeimlinge im Sieb unter fließendem Wasser waschen, abtropfen lassen. Von der Chilischote Samen entfernen, Schote fein hacken. 2 EL Öl im Wok oder in einer tiefen Pfanne erhitzen und die zweite Hälfte Knoblauch und Lauchzwiebeln darin andünsten. Sojakeimlinge, Chilischote, etwas Tomatenmark, Salz und Pfeffer dazugeben und unter Rühren 2 Minuten braten.

Auf einer vorgewärmten Platte den Spinat anrichten, die Sojakeimlinge in der Mitte aufhäufen.

Spinat in Gorgonzola

1 kg Blattspinat, 40 g Butter
Salz, schwarzer Pfeffer
300 ml süße Sahne, 5 EL Milch
40 ml Cognac oder Weinbrand
150 g Gorgonzola
1 EL Zitronensaft

Den Spinat verlesen, die groben Stiele entfernen, Spinat mehrmals waschen, abtropfen lassen. In einem breiten Topf die Butter aufschäumen lassen, den Spinat zugeben und in 2 bis 3 Minuten bei guter Mittelhitze zusammenfallen lassen. Zwischendurch einmal wenden, Flüssigkeit verdampfen lassen. Den Spinat mit Salz und frisch gemahlenem Pfeffer abschmecken und warm halten.

Sahne, Milch und Cognac oder Weinbrand in einem kleinen Topf leicht erhitzen. Den Gorgonzola hineinlegen, bei sanfter Hitze schmelzen lassen und mit dem Schneebesen glattrühren. Die Sauce mit Zitronensaft, wenig Salz und Pfeffer abschmecken.

Den Spinat auf vorgewärmte Teller verteilen und die Sauce angießen. Oder die Sauce in eine Schüssel geben, den Spinat untermengen und so servieren.

Spinat einmal chinesisch, wie man ihn in der Region um Beijing (Peking) zubereitet, und einmal italienisch: zwei delikate Beispiele aus der reichhaltigen vegetarischen Küche dieser so unterschiedlichen großen Küchennationen

Dreimal Linsen

Linsen mit Backpflaumen (rechts)

350 g Linsen, ¾ Liter Wasser, 1 Zwiebel

60 g Backpflaumen ohne Kern

½ Glas Rotwein

Salz, weißer Pfeffer

je 1 Messerspitze Kreuzkümmel, Muskatblüte
(Macis) oder Muskatnuß

125 g saure Sahne, ½ Bund Koriander

Linsen über Nacht einweichen. Zwiebel schälen und würfeln, Linsen im Einweichwasser mit der Zwiebel bei mäßiger Hitze etwa 1 Stunde kochen. Backpflaumen etwa 20 Minuten in Rotwein einlegen, dann in Stücke schneiden und zu den fertig gegarten Linsen geben. Mit Gewürzen gut abschmecken und die saure Sahne unterziehen. Mit Korianderblättchen garnieren.

Linsen-Curry (links)

2 Zwiebeln, 2 Knoblauchzehen

1 rote Pfefferschote, 4 EL Öl

220 g schwarze Puy-Linsen, 2 TL Curry

½ Liter Wasser

1½ TL unbehandelte Zitronenschale, Salz

Zwiebeln und Knoblauch schälen, Zwiebeln hacken. Knoblauch fein schneiden oder zerdrücken, Pfefferschote entkernen und ganz fein schneiden. Öl erhitzen, Zwiebeln andünsten, Pfefferschote, Knoblauch, Linsen und Curry zugeben und kurz durchdünsten lassen. Mit Wasser ablöschen und zugedeckt bei schwacher Hitze etwa 40 Minuten garen. Mit Zitronenschale und Salz abschmecken. Als Beilage oder lauwarm als Vorspeise reichen.

Man kann auch die doppelte Menge kochen, einen Teil davon pürieren und mit jeweils 2 Eßlöffeln Crème fraîche und Schnittlauchröllchen verfeinern. So halten sich Linsen 2 bis 3 Tage im Kühlschrank.

Linsentopf mit Kümmel

200 g getrocknete Linsen

Salz

1 große rote Zwiebel

6 EL Olivenöl

frisch gemahlener schwarzer Pfeffer

1 Knoblauchzehe

4 große reife Tomaten

je ½ TL gehackter Kümmel und Koriander

Linsen 12 Stunden in Wasser einweichen, dann abgießen, waschen und in einem Topf in Salzwasser in etwa 50 Minuten gar kochen. Die Zwiebel schälen und hacken, in 4 Eßlöffeln Öl in einer Kasserolle bei mittlerer Hitze anbräunen. Linsen abgießen, etwas von der Kochflüssigkeit auffangen. Linsen und etwas Kochwasser zu den Zwiebeln geben, mit Salz und Pfeffer würzen und alles etwa 10 bis 15 Minuten zugedeckt dünsten.
Den Knoblauch schälen, grob hacken und im restlichen Öl bei kleiner Hitze anbraten. Die Tomaten waschen, Stielansätze entfernen, Fruchtfleisch in Stücke schneiden und zerdrücken und zum Knoblauch geben, sobald dieser goldbraun ist. Nach Belieben mit Salz, mit Kümmel, Koriander und reichlich Pfeffer würzen und diese Sauce dann etwa 20 Minuten kochen lassen, bis sie ziemlich dickflüssig wird.

Auberginen

Gegrillte Auberginen (Foto)

600 g Auberginen, 150 ml Olivenöl

1 Tomate, 2 Knoblauchzehen

Salz, frisch gemahlener Pfeffer

1 kleine Pfefferschote (peperoncino)

6 Basilikumblätter

Die Auberginen waschen, trocknen, in etwa 1 cm dicke Scheiben schneiden und in die Hälfte des Olivenöls legen. Die Tomate überbrühen, abziehen, halbieren, Stielansätze und Kerne entfernen, das Fruchtfleisch in Würfel schneiden. Knoblauch schälen und fein schneiden oder durchpressen, Mit der Tomate im Rest des Öls dünsten, mit Salz und Pfeffer abschmecken.

Die Pfefferschote entkernen und fein schneiden. Die Auberginenscheiben aus dem Öl nehmen und auf einem Grill beidseitig grillen. Auf warmen Tellern anrichten, Pfefferschote und Basilikum darüber verteilen. In der Mitte die Tomatenwürfel anrichten und mit heißem Olivenöl übergießen.

Gut passen zu dieser im Tessin, aber auch in anderen Regionen verbreiteten Zubereitungsart frisches Landbrot, eine Polenta oder grüner Salat. Und damit hätten Sie gleich eine wunderbare, komplette Mahlzeit beieinander.

Auberginengemüse

1,2 kg Auberginen, Salz

500 g frische Champignons

oder 400 g gemischte Pilze oder Champignons aus der Dose

8 EL Öl

3 Knoblauchzehen

6 Tomaten

frisch gemahlener weißer Pfeffer

je ½ TL Curry und Kräuter der Provence

1 EL gehackte Petersilie

Die Auberginen waschen, ungeschält in Würfel schneiden, gut salzen, 15 Minuten ziehen lassen und die abgetropften Würfel mit Küchenkrepp trockentupfen. Falls frische Pilze verwendet werden, diese putzen, in Scheiben schneiden und beiseite stellen. Den Knoblauch schälen und kleinhacken. Das Öl in einer Pfanne erhitzen und die Auberginenwürfel mit dem Knoblauch darin kurz anbraten. Die Tomaten überbrühen, häuten, vierteln, die Stielansätze entfernen. Falls Pilze aus der Dose genommen werden, diese abtropfen lassen und in Scheiben schneiden.

Pilze mit den Tomaten zu den Auberginen in die Pfanne geben. Mit Salz, Pfeffer, Curry und den Kräutern der Provence würzen und alles zugedeckt etwa 20 Minuten schmoren lassen. Das fertige Gemüse mit der gehackten Petersilie bestreuen.

Gemüse nach Art von Shanghai

Gemüsepfanne (Foto)

30 g Tongupilze (Shitake)
100 g frische Champignons
100 g Bambussprossen (Dose)
200 g frische oder gefrorene Erbsen
Erdnuß- oder Maisöl zum Fritieren
⅛ Liter Gemüsebrühe
2 TL Zucker
1 TL Salz
½ TL Speisestärke
1 TL Sesamöl

Die getrockneten Pilze 30 Minuten in heißem Wasser einweichen, harte Stiele abschneiden, Hüte in Streifen schneiden. Frische Pilze putzen, waschen, in Scheiben schneiden. Bambussprossen abtropfen lassen und in Stifte schneiden. Gefrorene Erbsen 3 Minuten in Salzwasser gar kochen. Frische Erbsen ausschoten und 10 Minuten kochen. Alle Gemüse trockentupfen.

Öl im Wok oder Fritiertopf erhitzen, Pilze und Bambussprossen 1 Minute fritieren, mit einem Sieblöffel herausnehmen und gut abtropfen lassen. Das Öl bis auf einen kleinen Rest ausgießen und restliches Öl erhitzen. Bambussprossen, Pilze und Erbsen in das erhitzte Öl geben und unter Rühren braten. Brühe, Zucker und Salz dazugeben und 1 Minute bei schwacher Hitze köcheln lassen. Mit in Wasser aufgelöster Speisestärke andicken. Sesamöl darüber träufeln. Auf einer vorgewärmten Platte anrichten und servieren.

Kurzgebratene Stangensellerie

400 g Stangensellerie
1 Knoblauchzehe
1 Lauchzwiebel
2 EL Erdnuß- oder Maisöl
ganze Pfefferkörner nach Belieben
1 EL Sojasauce
Salz
1 TL Sesamöl

Die Selleriestangen putzen, an beiden Enden abschneiden, harte Fäden und Fasern entfernen. Sellerie waschen und trockentupfen, in 3 cm lange Stücke schneiden, dann stifteln. Knoblauch schälen, Lauchzwiebel putzen, waschen, trockentupfen, beides fein hacken, beiseite stellen.

Das Öl im Wok oder in einer Pfanne erhitzen, Pfefferkörner darin braten, dann herausnehmen. Knoblauch und Lauchzwiebel im Öl kurz glasig dünsten. Dann die Selleriestifte hineingeben und unter kräftigem Rühren scharf anbraten. Sojasauce und Salz untermischen und etwa 2 Minuten weiter rühren. Sesamöl darüber gießen, das Gericht vom Feuer nehmen und sofort auf einer vorgewärmten Platte servieren.

Diese beiden Rezepte aus dem Osten Chinas um Shanghai entsprechen dem Ideal einer guten vegetarischen Ernährung: Nur kurz gegart oder gebraten, entfalten die Zutaten ihren vollen Geschmack. Als Beilagen oder Zwischenmahlzeiten passen sie auch zu vielem anderem wie Reis oder Nudeln.

Reiskroketten
Pilzkroketten

Reiskroketten (Foto)

200 g frische oder
20 g getrocknete Steinpilze
1 Zwiebel
30 g Butter
150 g japanischer Klebreis (ersatzweise
Rundkornreis, Milchreis)
Salz, frisch gemahlener weißer Pfeffer
40 g Parmesan am Stück
½ Bund Petersilie, 1 Ei
½–¾ Liter Öl zum Fritieren
70 g Paniermehl

Frische Steinpilze säubern und kleinschneiden (getrocknete Steinpilze in knapp ½ Liter warmem Wasser 20 Minuten einweichen). Die Zwiebel schälen und in kleine Würfel schneiden. Die Butter erhitzen, die Zwiebel darin andünsten, den Klebreis hinzufügen und kurz durchschwitzen lassen. Die kleingeschnittenen Pilze dazugeben. Bei der Verwendung frischer Pilze 350 ml Wasser, bei der Verwendung getrockneter Pilze das Einweichwasser zugießen. Mit Salz und Pfeffer würzen und etwa 12 Minuten kochen lassen.
Den Parmesan reiben, die Petersilie waschen, trockenschütteln und hacken. Parmesan, Petersilie und Ei unter den warmen Reis rühren. Öl in einem Topf erhitzen, etwas Paniermehl in eine Handfläche nehmen, etwas Reismasse darauf geben und Kroketten formen. Portionsweise in dem heißen Öl fritieren.

Pilzkroketten

500 g frische Steinpilze
oder 500 g Champignons
und 10 g getrocknete Steinpilze
1 Zwiebel, 60 g Butter
Salz, Pfeffer, Majoran
½ Liter Milch, 3 Eier
300 g Mehl
200 g Semmelbrösel (Paniermehl)
Öl zum Ausbacken
gehackte Petersilie nach Belieben

Die frischen Pilze säubern und in feine Scheibchen schneiden. Wer zudem getrocknete Pilze verwendet, weicht diese in ⅛ bis ¼ Liter Wasser ein, nimmt auch das Einweichwasser, dafür weniger Milch.
Zwiebel schälen, fein hacken, in gut 50 g erhitzter Butter goldgelb rösten. Die Pilze dazugeben, mit Salz, frisch gemahlenem Pfeffer und Majoran würzen und dünsten. Die Milch mit 1 Ei verquirlen. Sobald die Pilze weich sind, mit etwa 100 g Mehl bestreuen und die Eiermilch aufgießen. Bei kleiner Hitze so lange kochen, bis ein dicklicher Brei entsteht. Den Brei in eine mit Butter ausgestrichene Schüssel geben und gut abdecken. Die restlichen 2 Eier verquirlen. Sobald die Breimasse ausgekühlt ist, fingerlange Röllchen formen, im restlichen Mehl wenden, durch die Eier ziehen und rundum in die Semmelbrösel drücken. Die Kroketten gleich in heißem Öl schwimmend ausbacken. Auf Küchenkrepp etwas abtropfen lassen und mit Petersilie garniert servieren.

Viererlei-Törtchen
Rübensalat mit Nüssen

Viererlei-Törtchen

Für den Teig:
125 g Mehl
2 Eigelb
1 kräftige Prise Salz
1 EL Butter
Butter für die Förmchen
Für den Belag:
300 g Gemüse
(Spargel, Grünkohl, Möhren, rote Bete)
Für den Guß:
125 g saure Sahne
1 Ei
2 Eiweiß
Salz, Pfeffer, geriebene Muskatnuß

Das Mehl in eine Schüssel sieben. Eigelb, Salz und Butterflocken zufügen und alles zu einem geschmeidigen Brei verarbeiten. Kühl stellen. Den Backofen auf 220 °C vorheizen. Das Gemüse putzen, kleinschneiden und in Salzwasser 2 Minuten blanchieren. Danach in kaltem Wasser abschrecken, damit die Leuchtkraft der Farben erhalten bleibt.
Den Teig dünn ausrollen. Kleine Tortenförmchen ausbuttern und mit Teig belegen. Im vorgeheizten Backofen 5 Minuten backen und herausnehmen. Jetzt das abgetropfte Gemüse darauf anordnen.
Für den Guß: Die saure Sahne mit Ei, Eiweiß und den Gewürzen verschlagen und über dem Gemüse verteilen. Die Förmchen wieder in den Ofen schieben und weitere 15 Minuten bei 180 °C backen.

Rübensalat mit Nüssen

300 g rote Bete
Salz
½ Salatgurke
10 frische Minzeblätter
2 EL Weinessig
frisch gemahlener schwarzer Pfeffer
2 EL Öl
125 g Walnußkerne

Die Rüben vom Blattansatz befreien, in Salzwasser etwa 30 Minuten kochen und sofort abschrecken. Die Gurke schälen und in feine Scheiben schneiden. Die Minzeblätter waschen und abtropfen lassen. Aus Essig, Salz, Pfeffer und Öl eine Marinade bereiten und über die Gurkenscheiben gießen. Die garen Rüben schälen, in feine Scheiben, dann in Streifen schneiden und zur Marinade geben. Alles gut vermischen und zugedeckt einige Minuten ziehen lassen. Mit Minzeblättern und Walnußkernen garnieren und sofort auftragen.

Überbackene Gemüsepfannkuchen

Für die Pfannkuchen:

200 g Mehl nach Wahl

Salz, ½ Liter Wasser, 4 Eier

1½ EL Butterschmalz

Für das Gemüse:

1 kg Lauch

1 EL Öl, 2 EL Mehl

⅛ Liter Wasser

2 EL Zitronensaft

50 ml süße Sahne

2 EL gehackte Petersilie

Salz, weißer Pfeffer

frisch geriebene Muskatnuß

Zum Überbacken: 1 EL Butter

⅛ Liter Milch

Für die Pfannkuchen Mehl mit Salz und Wasser verrühren. Eier nacheinander darunter mischen. Eine Pfanne bei starker Hitze so heiß werden lassen, daß ein Wassertropfen, den Sie hineinspritzen, zischend verdampft. 1 Teelöffel Butterschmalz darin zerlassen und die Pfanne schwenken, damit sich das Schmalz gleichmäßig verteilt. Pro Pfannkuchen etwa ½ Schöpfkelle Teig in die Pfanne geben, verteilen und auf beiden Seiten backen: zunächst bei mittlerer Hitze etwa 3 Minuten zugedeckt auf einer Seite, bis der Teig oben nicht mehr flüssig ist und der Kuchen sich an den Rändern leicht biegt. Dann wenden und ohne Deckel fertig backen. So etwa 16 Pfannkuchen backen und zwischendurch immer wieder etwas Butterschmalz in die Pfanne geben.

Lauch putzen und waschen. Stangen einmal längs halbieren und quer in fingerbreite Stücke schneiden. Öl erhitzen, Lauch darin bei mittlerer Hitze unter Rühren einige Sekunden anbraten. Mehl darüberstreuen und kurz anrösten. Wasser dazugießen, aufkochen und zugedeckt etwa 5 Minuten garen.

Zitronensaft, Sahne und Petersilie untermischen. Gemüse mit Salz, Pfeffer und Muskat kräftig abschmecken, auf den Pfannkuchen verteilen. Kuchen aufrollen und nebeneinander in eine ofenfeste Form mit niedrigem Rand legen.

Butterflöckchen auf den Pfannkuchen verteilen. Form in den kalten Backofen auf die mittlere Schiene stellen. Ofen auf 200 °C schalten. Pfannkuchen 10 Minuten backen. Milch an den Seiten zugießen und die Pfannkuchen weitere 10 bis 15 Minuten backen, bis sie oben schön gebräunt sind.

Zu diesem kräftigen Hauptgericht passen viele Sorten Salat, zum Beispiel Kopf- oder Tomatensalat oder eine phantasievolle, bunte Mischung, wie auf Seite 18 beschrieben. Die Pfannkuchen gelingen mit jeder Art von Mehl, auch frisch in der eigenen Mühle gemahlenem.

Gesundes aus der Knolle

Potsdamer Kartoffel-Quark-Auflauf (unten)

800 g–1 kg mehligkochende Kartoffeln
3 Äpfel (Boskop)
1 EL Butter
Salz, schwarzer Pfeffer, Muskatnuß
100 g Emmentaler Käse
400 ml süße Sahne
250 g Magerquark
3 Bund Schnittlauch
6 EL Apfelessig
1 TL scharfer Senf
4 EL Walnußöl

Die Kartoffeln schälen, waschen, die Äpfel schälen, Kerngehäuse entfernen, beide Zutaten in dünne Scheiben schneiden. Eine Auflaufform ausbuttern, abwechselnd Kartoffel- und Apfelscheiben dachziegelartig hineinlegen. Jede Lage mit Salz und frisch gemahlenem Pfeffer und geriebenem Muskat reichlich würzen. Den Käse reiben, die Sahne mit dem Quark und etwa der Hälfte Käse gut vermischen und gleichmäßig auf den Kartoffeln und Äpfeln verteilen. Den Rest des Käses darüber streuen. Den Auflauf bei 180 °C etwa 80 Minuten garen, bis sich an der Oberfläche eine schöne braune Kruste gebildet hat.

Den Schnittlauch waschen und in feine Röllchen schneiden. In dem Apfelessig den Senf und das Walnußöl verrühren, nach Bedarf mit Salz und Pfeffer würzen, den Schnittlauch dazutun und das Ganze über den Auflauf gießen.

Weißenseer Bouillon-Kartoffeln (oben)

1 kg festkochende Kartoffeln
2 Karotten
½ Knollensellerie
3 Stangen Lauch
1 Petersilienwurzel
1 Liter Gemüsebrühe
Salz, schwarzer Pfeffer, geriebene Muskatnuß
1 Bund Petersilie

Die Kartoffeln schälen, waschen und in nicht zu kleine Würfel schneiden. Das Gemüse putzen, waschen und kleinschneiden. Die Gemüsebrühe zum Kochen bringen, Kartoffeln und Gemüse darin in etwa 20 Minuten bei kleiner Hitze gar kochen. Mit Salz, frisch gemahlenem Pfeffer und einem Hauch Muskat abschmecken. Die Petersilie waschen, trockenschütteln, fein hacken und darüberstreuen.

Diese zwei Gerichte aus dem früheren Preußen – Weißensee ist heute ein Stadtteil von Berlin – mögen daran erinnern, daß sich Friedrich der Große sehr um die Kartoffel als echtes Volksnahrungsmittel bemüht hat. Als sie von den anfangs sehr skeptischen Leuten einmal angenommen war, war ihr Siegeszug nicht mehr aufzuhalten.

Pilzstrudel

Für den Strudelteig:

250 g Mehl, 3 EL Öl, etwas Salz

etwa ⅛ Liter lauwarmes Wasser

Für die Füllung:

300 g Pilze (frische Wildpilze oder Champignons aus der Zucht plus 5–10 g eingeweichte Trockenwildpilze)

etwa 100 g Butter oder 50 g Butterschmalz,

50 g Butter

1½ EL gehackte Petersilie

Salz

Für die Füllung eventuell die trockenen Pilze in etwas Wasser einweichen und quellen lassen. Nach dem Grundrezept läßt sich Strudelteig auf zwei Arten herstellen: Mehl auf ein Backbrett geben, in die Mitte eine Vertiefung drücken, Öl, Salz und so viel Wasser dazutun, daß sich ein glatter, elastisch-geschmeidiger Teig kneten läßt. Am besten 10 Minuten mit den Händen durchkneten, eine Teigkugel formen, diese mit etwas Öl bestreichen und mit einer angewärmten Porzellan- oder Keramikschüssel zudecken. Rund 30 Minuten ruhen lassen.

Dann den Teig auf einem großen Tuch – Tischdecke oder Stoffwindel – ausbreiten, mit Mehl bestreuen und so dünn ausrollen, wie es geht. Mit den Händen unter den Teig fahren und weiter langsam ausdehnen, bis der Teig beinahe durchsichtig wird. Dicke Teigränder abschneiden.

Den Teig kann man auch mit Hilfe eines Rührgeräts mit Knethaken bis zum Ausrollen herstellen. Danach mit den Händen wie oben beschrieben weiter verarbeiten.

Die frischen Pilze sorgfältig putzen, waschen und leicht abtupfen; eventuell eingeweichte Trockenpilze abtropfen lassen. 50 g Butter oder Butterschmalz in einer Pfanne schwach erhitzen, zusammen mit 1 EL gehackter Petersilie leicht anrösten, etwas Wasser aufgießen und dünsten, bis die Pilze weich sind.

Die Füllung abkühlen lassen, dann in den Strudelteig mit einer Serviette einrollen, die Serviette an beiden Enden gut abbinden und, mit dem Strudel in einem Topf mit Salzwasser hängend, auf kleiner Flamme etwa 20 Minuten kochen.

50 g Butter zerlassen, den Strudel herausnehmen, abtropfen lassen, mit der leicht gebräunten Butter übergießen, mit der restlichen gehackten Petersilie bestreuen und sofort servieren.

Strudelteig wird häufig als schwierig bezeichnet – keineswegs zu Recht. Ihn so dünn auszuziehen, bis man durch ihn hindurch Zeitung lesen kann, ist zwar nicht jedem in die Wiege gelegt. Nach unserer Anleitung und mit der nötigen Geduld sollte er jedoch wenigstens sehr dünn gelingen. Und dann wird das Ergebnis – gleich mit welcher Füllung – sicher wie gewünscht: außen knusprig, innen noch saftig. Das prächtige Backwerk zählt übrigens zu den berühmten österreichischen Mehlspeisen.

Schlutzkrapfen

Südtiroler Schlutzkrapfen (Foto)

Für den Teig:

500 g Mehl, 2 Eier, Salz, 1 EL Öl

eventuell etwas lauwarmes Wasser

Für die Füllung:

800 g Spinat, Salz

½ Bund Petersilie

1 kleine Zwiebel

¼ Liter Milch

40 g Butter, 1 EL Mehl

Pfeffer, geriebene Muskatnuß

1 EL geriebener Parmesan

Zum Anrichten:

60 g geriebener Parmesan, 80 g Butter

Für den Teig alle Zutaten zu einem nicht zu festen Teig kneten, wenn nötig etwas lauwarmes Wasser zugeben und 1 Stunde zugedeckt ruhen lassen.

Für die Füllung den Spinat waschen, in Salzwasser gar kochen, abgießen und gut ausdrücken. Die Petersilie waschen, trockenschütteln und mit dem Spinat vermischt sehr fein hacken. Die Zwiebel schälen und kleinschneiden. Die Milch erhitzen. Die Zwiebel in Butter glasig werden lassen, mit Mehl bestreuen, die heiße Milch zugießen, alles gut verrühren und etwas einkochen lassen. Den Spinat hinzufügen, mit Salz, Pfeffer, Muskat und Parmesan würzen. Erkalten lassen.

Den Teig sehr dünn ausrollen, möglichst schnell arbeiten, damit er nicht austrocknet. Mit einem Teigrädchen in etwa 8 cm große Quadrate schneiden und je 1 Löffel Füllung darauf geben. Die Quadrate zu Dreiecken falten und die Ränder gut festdrücken.

Die Schlutzkrapfen in viel Salzwasser 5 Minuten sieden, abgießen. Zum Anrichten die Butter zerlassen. Mit Parmesan bestreuen und mit der flüssigen Butter übergießen.

Tiroler Schlutzkrapfen

Für den Teig:

400 g Roggenmehl, 100 g Weizenmehl

1 Ei, 3 EL Öl, Salz

etwa ⅜–½ Liter Wasser

Für die Füllung:

Zutaten wie bei den Südtiroler

Schlutzkrapfen, aber weniger Spinat und

harter bis halbharter Käse nach Belieben

Aus den Teigzutaten einen glatten Teig kneten, dünn ausrollen, etwas ruhen lassen und mit einem Glas oder einer Form Blätter von 6 bis 7 cm Durchmesser herstellen.

Die Füllung wird wie im Südtiroler Rezept zubereitet, die Schlutzkrapfen werden ebenso gegart und angerichtet.

In Italien heißen sie Ravioli, in Südtirol und Tirol Schlutzkrapfen, in Schwaben Maultaschen. Wenn sie sich auch in Größe und Form unterscheiden, ist allen gemeinsam die leckere Füllung, die freilich von Fall zu Fall stark variiert – selbst Quark oder Marmelade kommen als Nudelfüllung in Frage.

Zweimal Gnocchi

Waldgnocchi (Foto)

500 g gedörrte Eßkastanien, Salz

20 g getrocknete Champignons

500 g Kartoffeln

200 g Spinat

Salz, Pfeffer

geriebene Muskatnuß

400 g Mehl

2 Eier

1–2 EL Butter

Die Kastanien über Nacht in etwas Wasser einweichen. In Salzwasser in etwa 40 Minuten weich kochen. Die getrockneten Champignons in wenig Wasser einweichen, auspressen und fein hacken. Die Kartoffeln schälen, waschen und in leicht gesalzenem Wasser ebenfalls weich kochen. Den Spinat putzen, waschen, harte Stiele entfernen, Blätter in wenig Wasser gar kochen. Kartoffeln, Spinat, Kastanien und Champignons durch ein Sieb streichen, mit Salz, Pfeffer und Muskat würzen, mit dem Mehl und den Eiern gut vermischen. Den Teig etwa 1 Stunde ruhen lassen.

Aus dem Teig einen Strang von 2 bis 3 cm Durchmesser formen, davon etwa ½ cm dicke Scheiben abschneiden. Scheiben auf beiden Seiten mit einer Gabel andrücken, so daß sich eine Rille bildet. Reichlich Salzwasser zum Kochen bringen und die Gnocchi darin etwa 5 Minuten ziehen lassen. Die fertigen Gnocchi schwimmen nach oben. Herausnehmen und abtropfen lassen.

Die fertigen Gnocchi in etwas Butter anbraten. Sie schmecken gut zum Beispiel zu einem Pilzragout und Salat.

Gnocchi di ricotta

500 g Spinat

150 g Parmesan

350 g Ricotta

oder ganz trockener Magerquark

3 Eier

Salz, Pfeffer

geriebene Muskatnuß

3 EL Weizenmehl

1 Liter Gemüsebrühe

Den Spinat putzen, waschen, die harten Stiele entfernen. Mit ganz wenig Wasser in einem großen Topf erhitzen, bis die Blätter zusammenfallen und weich sind. Dann durch ein Sieb in eine Teigschüssel passieren. Den Parmesan reiben. Den Quark nötigenfalls zuvor abtropfen lassen. Den Spinat mit dem Ricotta oder dem Quark, 3 gehäuften Eßlöffeln Parmesan und den Eiern vermengen, mit Salz, Pfeffer und Muskat kräftig abschmecken. So viel Weizenmehl zugeben, daß ein fester Teig entsteht. Daraus mit den Handflächen kleine Klößchen von etwa 3 cm Durchmesser formen. Im Suppentopf die Gemüsebrühe bis zum Sieden erhitzen, dann die Klößchen wenige Minuten darin garen, bis sie an die Oberfläche steigen. Mit einem Sieblöffel herausheben und in einer Schüssel mit wenig Brühe und viel Parmesan servieren. Gut paßt dazu grüner oder bunter Salat nach Saison und Geschmack.

Spargelpfannkuchen

1 kg frischer Spargel

Salz

1 EL Butter

1 Prise Zucker

Für den Pfannkuchenteig:

250 g Mehl

¼ Liter Milch

4 Eier

Salz

Zum Ausbacken Butterschmalz

Den Spargel putzen, vom Kopf her schälen und holzige Teile entfernen. Die Stangen in kleine Stücke brechen und in Salzwasser mit etwas Butter und Zucker nicht zu weich kochen. Mit einem Sieblöffel herausnehmen und gut abtropfen lassen.

Für die Pfannkuchen einen dickflüssigen Teig aus allen Zutaten zubereiten. Im heißen Butterschmalz nacheinander etwa 8 nicht zu dünne Pfannkuchen goldgelb ausbacken. Dabei zunächst die eine Seite ohne Deckel wenige Minuten backen, bis der Teig auf der Oberseite noch gut weich ist. Die Hitze reduzieren, die Spargelstücke über den Pfannkuchen verteilen, diesen wenden und abgedeckt fertig backen.

Nicht jeder Spargel weist die hohe Qualität auf, die man von teurer Ware der Klasse 1 oder 2 verlangt. Für dieses Gericht ist das aber auch gar nicht erforderlich, auch preisgünstigere Ware kommt hierfür in Frage – es ist nur etwas mehr Aufwand beim Putzen und Vorbereiten des Gemüses nötig.

Beinahe jede Sorte von Salat eignet sich als Beilage zu diesen Pfannkuchen, aber auch zu einigen der zuvor vorgestellten Gerichte: knackiger Kopfsalat, bunter Salat mit Radieschen, Tomaten, Karotten und andere Varianten mehr – ganz nach Angebot und Geschmack.

Zucchinipuffer
Zucchini mit Käsefüllung

Zucchinipuffer (Foto)

800 g Zucchini, 1 TL Salz

2–3 Lauchzwiebeln (ersatzweise 1 Bund Schnittlauch oder 1 mittelgroße Zwiebel)

1 Bund Dill

½ Bund glattblättrige Petersilie

2 EL Mehl, 2 große Eier

Pfeffer

Sonnenblumen- oder Olivenöl zum Braten

Die Zucchini waschen, Stiele abschneiden, das Gemüse leicht schaben und auf der Reibe grob raspeln. Salz untermischen und etwa 10 Minuten stehen lassen, dann in einem Sieb sehr gut ausdrücken. Lauchzwiebeln putzen, waschen und in kleine Röllchen schneiden. Die Kräuter waschen, trockentupfen, hacken und mit den Lauchzwiebeln zu den Zucchini geben. Mehl, Eier und etwas frisch gemahlenen Pfeffer dazugeben, alles gut vermischen. Das Öl in einer Pfanne erhitzen und flache Puffer von etwa 8 cm Durchmesser von beiden Seiten goldgelb backen, auf Küchenkrepp abtropfen lassen.

Die Puffer schmecken warm und kalt, können also auch gut für ein Picknick vorbereitet werden

Zucchini mit Käsefüllung

4 Zucchini

Salz

Für die Füllung:

200 g Frischkäse

1 EL gehackte Petersilie

Salz, Pfeffer

1–2 TL Kapern

1 EL saure Sahne, 1 Ei

Zum Ausbacken:

Mehl

2 Eier

Semmelbrösel (Paniermehl)

Öl

Die Zucchini waschen, Stiele abschneiden, Gemüse halbieren und in kochendem Salzwasser blanchieren. Herausnehmen, abtropfen lassen und aushöhlen.
Für die Füllung Frischkäse mit Petersilie, Salz, frisch gemahlenem Pfeffer, Kapern, saurer Sahne und dem Ei zu einer glatten Masse verrühren und in die Zucchinihälften füllen.
Die Zucchini in Mehl wenden, durch die verquirlten Eier ziehen, von allen Seiten gut in die Semmelbrösel drücken und in heißem Öl goldbraun backen. Heiß servieren.

Das beim Aushöhlen der Zucchini anfallende Fruchtfleisch können sie übrigens gut zu Zucchinipuffern verwenden, wie im Rezept links beschrieben. Aufgrund ihres neutralen Geschmacks eignen sich die kleinen Kürbisse hervorragend für Gerichte mit kräftigwürziger Rezeptur.

Risotto auf zwei Arten

Risotto nach Art der Reisbauern (Foto)

20 g getrocknete Steinpilze
1 Zwiebel, 1–2 Knoblauchzehen
1 Stange Lauch (Porree)
3 Selleriestangen mit Grün
3 Karotten, 400 g Kürbis
2 EL Olivenöl
1 EL Butter
320 g ungeschälter Risottoreis
(Arboric, Vialone oder Razza)
½ Liter Gemüsebrühe
Kräutersalz, schwarzer Pfeffer
einige Zweige Petersilie

Die Pilze in ½ Liter warmem Wasser etwa 20 Minuten einweichen. Die Zwiebel schälen und kleinschneiden, den Knoblauch schälen und sehr fein schneiden oder zerdrücken.

Das Gemüse putzen und waschen, Lauch und Sellerie in schmale Ringe, Karotten in Scheibchen schneiden. Den Kürbis schälen und in Stücke schneiden.

Das Öl erhitzen, die Butter hinzufügen. Zwiebel und Knoblauch darin glasig dünsten und das restliche Gemüse dazugeben. Etwa 5 Minuten unter Rühren dünsten. Den Reis hineinstreuen, glasig schwitzen und nach und nach mit der Brühe ablöschen, dabei immer wieder umrühren. Wenn die Brühe verbraucht ist, die Steinpilze samt Einweichwasser nach und nach hinzufügen. Mit Kräutersalz und frisch gemahlenem Pfeffer abschmecken. Der ungeschälte Reis benötigt je nach Sorte insgesamt 38 bis 42 Minuten Kochzeit. Zum Servieren die Petersilie waschen, trockentupfen und über den Risotto streuen.

Risotto Duca d'Aosta

300 g Lauch (Porree)
2 milde grüne Chilischoten
½ milde rote Chilischote
3 EL Olivenöl, 2 EL Butter
300 g Risottoreis (Arborio oder Vialone)
knapp ¼ Liter Weißwein
Salz, weißer Pfeffer
etwa ¾ Liter Gemüsebrühe
1 EL Trüffelöl oder Trüffelbutter
60–80 g geriebener Parmesan

Den Lauch der Länge nach aufschneiden, säubern und in sehr schmale Ringe schneiden. Die Chilischoten putzen und fein würfeln. Das Olivenöl erhitzen, die Butter hinzufügen, die Chilischoten und den Lauch hineingeben und andünsten. Den Reis dazugeben und glasig anschwitzen. Mit Wein ablöschen, mit Salz und Pfeffer würzen und unter häufigem Rühren nach und nach die Brühe hinzufügen. Etwa 25 Minuten köcheln lassen, je nach Reissorte, der Risotto sollte eine breiige Konsistenz haben.

Zum Schluß Trüffelöl oder -butter unterrühren und mit geriebenem Parmesan servieren.

Über 500 Jahre ist Reisanbau in der Poebene in Norditalien bereits bezeugt. Entsprechend vielseitig sind die überlieferten Risottorezepte, von denen wir hier zwei farblich und geschmacklich kontrastierende vorstellen.

Hirse

Hirse-Karotten-Brei (oben)

800 g Karotten
60 g Butter
100 g gemahlene Cashewkerne
130 g Hirse
1 Liter Gemüsebrühe
je 1 Messerspitze Salz
und geriebene Muskatnuß
1 TL abgeriebene unbehandelte
Zitronenschale
½ TL Kardamom
½ Bund Petersilie
1 TL Honig, 50 g Rosinen

Die Karotten waschen, schälen und grob raspeln. In einem Topf die Butter erhitzen, Karotten und Cashewkerne hineingeben, kurz andünsten. Die Hirse kurz heiß waschen, abtropfen lassen und hinzufügen. Mit der Gemüsebrühe ablöschen, einmal durchheben, würzen und zugedeckt bei niedriger Temperatur 20 Minuten köcheln lassen. Die Petersilie waschen, trockenschütteln, hacken und zusammen mit Honig und Rosinen unterheben.

Hirsotto (unten)

1 Zwiebel, 1 Knoblauchzehe
1 Stange Lauch (Porree)
200 g Shitake-Pilze, 2 Karotten
3 EL kaltgepreßtes Öl
150 g Hirse, 350 ml Gemüsebrühe
Kräutermeersalz, weißer Pfeffer
1 EL Tamari (Soja-Würzsauce)
gut 125 g saure Sahne
einige Zweige Koriander

Zwiebel und Knoblauch schälen, Zwiebel hacken, Knoblauch sehr fein schneiden oder zerdrücken. Den Lauch putzen, waschen, die Pilze säubern, beides in feine Streifen schneiden. Die Karotten waschen, schälen und grob raspeln.
Das Öl erhitzen, Zwiebel, Knoblauch, Lauch und Karotten darin andünsten. Die Hirse kurz heiß abwaschen, hinzufügen, mit der Brühe ablöschen, würzen und 20 Minuten köcheln lassen. 5 Minuten vor Ende der Kochzeit die Pilze dazugeben und noch weitere 10 Minuten ohne Hitze quellen lassen. Den Hirsotto mit saurer Sahne verfeinern und mit Korianderblättchen garnieren.

Etwa 5000 Jahre alt sind die frühesten Zeugnisse, die belegen, daß die Menschen in warmen, trockenen Klimaten Hirse angebaut haben. Heute noch liegen die Hauptanbaugebiete in weiten Teilen Asiens, Afrikas und am Mittelmeer. Vorteile von Hirse sind: gleichmäßige Verteilung aller wichtigen Nähr- und Mineralstoffe im Korn, kein Einweichen und kurze Garzeiten.

Spreewälder Sauerkraut
im Weinblatt

800 g frisches Sauerkraut
80 g Rosinen
400 g saure Sahne
100 g altes Weißbrot
50 g Butter
1 TL Zucker
Salz
Pfeffer
2 Gläser Weinblätter
Butter für die Form
¼ Liter Weißwein (lieblich)
Für die Sauce:
80 g süße Mandeln
100 g Butter
2 TL Zitronensaft
Salz
Pfeffer

Das Sauerkraut mit einem scharfen Messer kleinschneiden. Die Rosinen waschen, abtropfen lassen und mit der sauren Sahne vermischen. Das Weißbrot reiben, in der erhitzten Butter anrösten, aber nicht zu braun werden lassen. Die Brotbrösel unter die Sahne rühren und alles unter das Sauerkraut mischen. Mit Zucker, Salz und frisch gemahlenem Pfeffer herzhaft abschmecken.

Die Weinblätter aus dem Glas nehmen, unter klarem Wasser vorsichtig abspülen und trockentupfen. In die Mitte jedes Blattes etwas von der Sauerkrautmischung geben, die Blattränder leicht nach innen wie zu einem Päckchen einschlagen und die gefüllten Blätter in eine gut gebutterte feuerfeste Form setzen. Den Backofen auf 180 °C vorheizen. Den Weißwein bis auf einen Rest von 4 Eßlöffeln langsam angießen und das Ganze im vorgeheizten Backofen etwa 30 Minuten garen.

Für die Sauce die Mandeln mahlen und in einer Pfanne in 3 Eßlöffeln heißer Butter anrösten. Mit dem zurückbehaltenen Wein und dem Zitronensaft ablöschen. Die restliche kalte Butter in kleinen Scheibchen unterschlagen und die fertige Sauce mit Salz und Pfeffer nach Belieben würzen.

Die gefüllten Weinblätter auf vorgewärmten Tellern anrichten und mit der Sauce begießen.

Salz- oder Pellkartoffeln oder auch Rösti passen als Beilagen.

Im Süden von Brandenburg leben die Spreewälder in einer außergewöhnlichen Landschaft: zwischen unzähligen Wasserläufen – Flüssen, Fließen (Kanälen), Gräben, die mit Kähnen befahren werden. Wer einmal dort war, wird sich Theodor Fontanes Vergleich vom „grünen Venedig" gar nicht verschließen können.

Außergewöhnlich ist auch die Zubereitungsart der Spreewälder für Sauerkraut, das neben Fisch, Gurken und Meerrettich zu ihren Lieblingsessen zählt.

Polenta in mehreren Farben

Schwarze Polenta (Foto)

¼ Liter Gemüsebrühe
350 g Buchweizenmehl
100 g Maisgrieß (Polenta)
150–200 g Butter oder Butterschmalz
2 Knoblauchzehen
4 Salbeiblätter
200 g fetter Tessiner Formagella
(oder ein anderer weicher Ziegenkäse)

Die Gemüsebrühe zum Kochen bringen und das fertige oder frisch gemahlene Buchweizenmehl und den Maisgrieß hineinrühren. Etwa 30 Minuten bei kleiner Hitze kochen, dabei öfter umrühren.

In einer Kasserolle die Butter oder das Butterschmalz bei kleiner Hitze zergehen lassen. Den Knoblauch schälen und ganz fein zerkleinern oder zerdrücken, den Salbei trocken säubern. Knoblauch und ganze Salbeiblätter zur Butter geben. Wenn die Butter nußbraun ist, Salbei und Knoblauch entfernen.

Die noch warme Polenta in große Scheiben schneiden. Diese in der gewürzten Butter in der Kasserolle auf beiden Seiten braten, bis eine schöne Kruste entstanden ist. Den Käse in Scheiben schneiden und auf die Polenta legen. Die Kasserolle mit dem Deckel verschließen, bis der Käse schmilzt.

Polenta nach Art des Hauses

1 Liter Milch oder Milch-Wasser-Mischung
(nach Belieben bis zu ½ Milch, ½ Wasser)
250 g Maisgrieß (Polenta)
Salz, Pfeffer
frisch geriebene Muskatnuß, Butter
2–3 Zwiebeln
2 EL Olivenöl, 1 EL Butter
nach Belieben geriebener Hartkäse,
z. B. Emmentaler, alter Gouda

Die Milch oder das Milch-Wasser-Gemisch erhitzen, den Maisgrieß vorsichtig hineinrühren und bei mittlerer Hitze wenige Minuten unter ständigem Rühren kochen. Es sollen keine Klumpen entstehen. Die Polenta mit Salz, Pfeffer und nach Belieben etwas Muskat würzen und bei abgeschaltetem Herd etwa 30 Minuten quellen lassen. Zum Schluß 1 bis 2 Teelöffel Butter unterrühren.

Die Zwiebeln schälen, in kleine Stückchen oder feine Ringe schneiden und in der Olivenöl-Butter-Mischung glasig bis knusprig braun schmelzen, ganz nach Geschmack.

Wer mag, reibt noch Käse frisch und streut ihn über die fertige Polenta mit dem Zwiebelhäubchen.

Außer der normalen Polenta wollen wir Ihnen hier noch eine Tessiner Zubereitungsart vorstellen. Dafür wird eine Mischung mit Buchweizenmehl verwendet. Zu beiden Polentagerichten passen viele Arten Salat: grün, bunt, mit oder ohne Tomaten, auch mit Maiskörnern.

Gefüllte Paprikahälften

4 große, grüne oder 6–8 kleinere,
auch gelbe Paprikaschoten

1 Zwiebel

350 g weicher Schafskäse

2–3 EL Semmelbrösel (Paniermehl)

1–2 Eier

Pfeffer, Paprikapulver edelsüß

1 EL Olivenöl

8 größere oder 12–16 kleinere Scheiben
fester oder halbfester Schnittkäse
oder Schmelzkäse

1 EL gehackte Petersilie

Die Paprikaschoten waschen, Schoten längs halbieren, Stiel, Stielansatz, Kerne und das Weiße im Inneren entfernen. Die Zwiebel schälen und fein hacken. Den Schafskäse mit einer Gabel zerdrücken, mit der Zwiebel und den Semmelbröseln sowie den Eiern gut vermischen, vorsichtig würzen. Die entstandene Masse sollte nicht zu fest sein. Die Paprikahälften damit füllen und die Schoten in eine mit Öl ausgestrichene feuerfeste Form legen. Den Backofen auf 180 bis 200 °C vorheizen. Zum Überschmelzen Käse in Scheiben auf die Paprika legen: nach Geschmack Schmelzkäse, Butterkäse, jungen Gouda oder Edamer; würziger schmeckt Tilsiter, mittelalter Gouda, junger Greyerzer, Emmentaler oder Appenzeller. Die Paprikahälften im vorgeheizten Ofen 50 bis 60 Minuten backen.

Mit gehackter Petersilie bestreuen und zu knusprigem Brot – bevorzugt Weißbrot, Fladenbrot oder Baguette – servieren.

Der vor allem in den Ländern nördlich des Mittelmeers und auf dem Balkan angebaute Gemüsepaprika eignet sich wie kaum eine andere Frucht zum Füllen. Sogar die kleineren, spitzen, blaßgelben Sorten, die besonders in Ungarns Küche Verwendung finden, bieten genügend Raum für allerlei pikante, abwechslungsreiche Füllungen: mit Quark, Käse, Zwiebeln, verschiedenem Gemüse, Pilzen, auch Reis, zerkleinertem Brot, Kräutern und Gewürzen.

Grützschnitten
Kartoffelpfannkuchen

Grützschnitten (Foto)

400 g Hafergrütze
½ Liter Gemüsebrühe oder Wasser
250 g Rosinen
1 TL Piment (Nelkenpfeffer)
½–1½ TL Salz
Butterschmalz

Die Hafergrütze in der Brühe (in diesem Fall weniger Salz verwenden) oder im Wasser einweichen und 12 Stunden ziehen lassen. Danach die Rosinen, den Piment und das Salz mit der eingeweichten Grütze vermischen. Die Masse in einer Puddingform 1½ bis 2 Stunden in leise kochendem Wasser garen. Die so entstandene Wurst in Scheiben schneiden, in einer Pfanne in erhitztem Butterschmalz aufbraten und zu Bratkartoffeln servieren – oder zu beliebigem Gemüse oder Salat.

Dieses Rezept ist uralt und stammt aus Friesland. Als Grütze bezeichnet man die von Keimling, Frucht- und Samenschale getrennten und dann geschroteten Körner. Man kann sie aus Hafer, Grünkern, Buchweizen oder Gerste herstellen. Sie kommt meist entweder als Suppe oder als Brei auf den Tisch; als Zusatz findet Grütze aber auch bei der Zubereitung von Blut- oder Leberwurst (Grützwurst) Verwendung.

Kartoffelpfannkuchen

Zutaten für 4–6 Personen:
1,5 kg Kartoffeln
1 Zwiebel
80–100 g Lauch (Porree)
mindestens 3 Eier
100–120 g Mehl oder Haferflocken
je 1 Prise Salz und geriebene Muskatnuß
150–180 ml Milch, 100–150 g Bratfett

Die Kartoffeln waschen, schälen, reiben und die anfallende Flüssigkeit abgießen. Die Zwiebel schälen, den Lauch putzen, waschen und beides fein schneiden. Eier, Haferflocken, Zwiebel und Lauch sowie nach Geschmack etwas Salz und Muskat zu den Kartoffeln geben. Die Masse zu einem glatten Teig verarbeiten, 15 Minuten ruhen lassen. Verwendet man Mehl statt Haferflocken, gibt man es erst jetzt dazu.
In einer Pfanne das Fett erhitzen und kleine Pfannkuchen von etwa 10 cm Durchmesser auf beiden Seiten hell- bis goldbraun backen. Zu den heißen Pfannkuchen paßt zum Beispiel Apfelbrei, Zwetschgenkompott oder Preiselbeeren und dazu ein heißer Kaffee.

Reibekuchen oder Kartoffelpuffer heißen sie anderswo, im Odenwald spricht man von Kartoffelpfannkuchen. Sie schmecken nicht nur zu Süßem, sondern ebenso zu Sauerkraut oder Salat. – Eine Variante sieht vor, statt einzelnen Pfannkuchen die Kartoffelmasse in eine gefettete Form zu streichen und als Ganzes zu backen.

Falafel
Dinkelmutzen

Falafel (rechts)

2 Tassen Kichererbsen
1 Zwiebel, 1 Knoblauchzehe
1 Bund Blattpetersilie
je ½ TL Koriander und Kreuzkümmel
1 Messerspitze Cayennpfeffer
Olivenöl zum Ausbacken

Kichererbsen über Nacht in Wasser einweichen. Zwiebel und Knoblauch schälen, Petersilie waschen und trockentupfen. Das Erbsen-Einweichwasser abgießen, Erbsen mit Zwiebel, Knoblauch und Petersilie im Mixer sehr fein pürieren. Die Masse abschmecken und 15 bis 20 Minuten ruhen lassen.

Nußgroße Bällchen formen und diese im heißen Olivenöl in etwa 8 Minuten goldgelb ausbacken. Die Falafel auf Salatblättern anrichten und mit einer Sauce oder einem Pesto servieren.

B estimmt nicht alltäglich sind diese beiden Gerichte. Kichererbsen gedeihen in wärmeren Regionen wie Südeuropa, dem Mittleren Osten, Indien oder Mexiko. Und die daraus zubereiteten Knödel sind in Arabien sehr beliebt.

Dinkel, eine Spelzweizenart, ist von dunklerer Farbe und kräftigerem Geschmack als Weizen. Entsprechend sind die Zubereitungen aus Dinkel: herrlich kernig, egal ob aus dem geschroteten oder dem gemahlenen Korn.

Dinkelmutzen (links)

150 g Dinkel, 150–200 ml Wasser
4 Zweige Minze, 2 Zweige Basilikum
1 Bund Petersilie
1 Tomate, 3 Champignons, 2 Knoblauchzehen
50 g Mandeln, 3 EL Sesamsamen
Saft von ½ Zitrone
3 EL Olivenöl
Kräutermeersalz, weißer Pfeffer
Öl zum Ausbacken

Den Dinkel fein schroten, mit dem Wasser begießen und 1 Stunde quellen lassen. Dann das überschüssige Wasser ausdrücken. Minze- und Basilikumblättchen abzupfen, Petersilie waschen, trockenschütteln, Tomate waschen, Stielansatz entfernen, Champignons putzen, Knoblauch schälen, alles außer dem Dinkel im Mixer zerkleinern. Mandeln und Sesamsamen mahlen, mit Zitronensaft und dem Dinkel zu der Mischung geben. Mit Olivenöl gut vermischen, mit Salz und Pfeffer abschmecken. Kleine Klößchen abstechen und im siedenden Olivenöl schwimmend ausbacken, bis sich eine Kruste gebildet hat. Das dauert etwa 6 bis 7 Minuten.

Die Dinkelmutzen können heiß als Vorspeise zum Beispiel mit einer Avocadocreme oder kalt auf Salatblättern mit Alfalfasprossen serviert werden.

Bratlinge aus Getreide

Schrotbratlinge (Foto Mitte)

gut ½ Liter Gemüsebrühe
Salz, 1 Lorbeerblatt
220 g Weizenschrot
1 Bund Petersilie
30–40 g mittelalter Gouda, 2 kleine Eier
1–2 TL Kräuterwürze, 1 TL Senf
weißer Pfeffer, 1 Messerspitze Majoran
3–4 EL Paniermehl, 3–4 EL Öl

Die Gemüsebrühe mit Salz und Lorbeerblatt zum Kochen bringen. Den Weizenschrot einrühren, bei kleiner Hitze unter häufigem Rühren etwa 15 Minuten ausquellen, dann auskühlen lassen. Die Petersilie waschen, trockenschütteln und hacken, den Käse reiben, beides mit den Eiern unter den Weizenschrot rühren. Mit Pfeffer und Majoran würzen, Bratlinge formen, im Paniermehl wälzen. Im heißen Öl insgesamt etwa 10 bis 12 Minuten braten.

Gemischte Bratlinge (Foto vorn)

je 50 g Weizen, Dinkel, Grünkern, Gerste
2 Frühlingszwiebeln, 50 g Knollensellerie
1 Knoblauchzehe, 2 Karotten
1 Bund frischer Koriander
1 EL Butter
½ Liter Gemüsebrühe
½ TL Kreuzkümmel
1 Messerspitze Muskatblüte oder Muskatnuß
Salz
1 Ei, 1 EL süße Sahne, 4 EL Öl

Die Getreide grob schroten. Frühlingszwiebeln putzen, waschen, Sellerie putzen, beides in sehr kleine Stücke schneiden. Knoblauch schälen, sehr fein schneiden oder zerdrücken. Karotten putzen und raspeln, den Koriander waschen, trockentupfen, die Hälfte hacken, beiseite stellen. Die Butter erhitzen, Gemüse andünsten, Schrot zugeben, Brühe angießen, würzen und zugedeckt etwa 20 Minuten köcheln lassen. Dann gehackten Koriander, Ei und Sahne unterrühren. Bratlinge formen und im heißen Öl in je etwa 6 bis 10 Minuten auf beiden Seiten goldbraun braten. Mit Korianderblättchen garnieren.

Grünkernbratlinge

je 1 Zwiebel und Knoblauchzehe
4 EL Öl
200 g Grünkernschrot
⅜ Liter kaltes Wasser
½ Bund Petersilie
2 Eier
Salz, frisch gemahlener weißer Pfeffer
frisch geriebene Muskatnuß

Zwiebel und Knoblauch schälen, fein hacken und in ½ EL Öl bei schwacher Hitze glasig braten. Grünkernschrot unter Rühren einige Sekunden mitrösten. Wasser zugießen, aufkochen, Schrot zugedeckt bei schwacher Hitze etwa 10 Minuten garen, 1 Stunde quellen und abkühlen lassen.
Die Petersilie waschen, trockenschütteln und fein hacken, mit den Eiern und je einer kräftigen Prise Gewürze unter den Teig mischen. 10 bis 12 runde Bratlinge formen und im heißen Öl in einer Pfanne auf beiden Seiten in je etwa 7 bis 10 Minuten goldbraun braten.

Große vegetarische Braten

Grünkernbraten (rechts)

2 Zwiebeln, 150 g Karotten
1 Stange Lauch
100 g Champignons
1 Stück Knollensellerie
50 g Butter
220–320 g Grünkernschrot
¾ Liter Gemüsebrühe
60 g Cashew- oder Walnüsse
150–200 g Emmentaler
eventuell 100 g Buchweizenmehl
50 g Sonnenblumenkerne, 3 Eier
Salz, weißer Pfeffer
Thymian, Liebstöckel, Estragon, Majoran
Fett für die Form

Zwiebeln schälen und hacken. Gemüse putzen, Karotten, Lauch und Pilze in Scheiben, Sellerie in Stücke schneiden. Die Butter zerlassen, Grünkernschrot hinzufügen, andünsten, dann die Gemüse hineingeben. Mit gut ½ Liter oder – falls Sie kein Buchweizenmehl verwenden – beinahe der gesamten Gemüsebrühe ablöschen und 15 Minuten köcheln lassen. Die Nußkerne mahlen, den Emmentaler reiben. Die restliche Brühe (knapp ⅛ Liter bzw. wenige Eßlöffel) mit eventuell dem Buchweizenmehl, den Nüssen, Sonnenblumenkernen, den Eiern und der Hälfte des Käses verrühren, würzen und zu dem Grünkernschrot geben. Zugedeckt 15 Minuten ruhen lassen.
Eine Kastenform einfetten, die Masse hineingeben und bei 170–180 °C etwa 35–40 Minuten backen. 10 Minuten vor Ende der Garzeit den restlichen Käse darüberstreuen.

Pilzbraten (links)

knapp ½ Liter Milch
2 Vollkornbrötchen
1 kg gemischte Pilze, 1 Bund Petersilie
3 Frühlingszwiebeln, 1 Knoblauchzehe
je 2 EL Öl und Butter
4 EL Paniermehl
2 EL Vollkornweizenmehl
30–40 g mittelalter Gouda
3 Eier, 1 EL Crème fraîche
Kräutersalz, weißer Pfeffer
1 TL Tamari (milchsaure Sojawürze)
Butter für die Form

Die Milch erhitzen, die Brötchen darin einweichen, Topf vom Herd nehmen. Die Pilze putzen und in Scheiben schneiden. Petersilie waschen, trockenschütteln, hacken und beiseite stellen. Frühlingszwiebeln putzen, Knoblauch schälen, beides fein bis sehr fein schneiden. Öl erhitzen, Butter zugeben, erst Zwiebeln und Knoblauch andünsten, dann die Pilze, insgesamt etwa 10 Minuten dünsten.
Die Brötchen sehr gut ausdrücken und mit Paniermehl und Mehl unterrühren. Die Flüssigkeit sollte verdampft sein. Vom Herd nehmen, etwas abkühlen lassen. Den Gouda reiben, dann mit Eiern, Crème fraîche und der Petersilie vermischen. Würzen und in eine gefettete Kastenform füllen. Etwa 45 bis 50 Minuten bei 170 °C backen. Etwas stehen lassen, dann stürzen und warm oder kalt servieren.

Ausgezeichnet mundet zu beiden Gerichten ein frischer Blattsalat.

Pizza

Pizza Margherita

Zutaten für 1 großes Backblech
oder 4 runde Pizzen von 25 cm Durchmesser
Für den Teig:
¼ Liter lauwarmes Wasser
20 g (½ Würfel) Hefe
400 g Mehl
Salz
4 EL kaltgepreßtes Olivenöl
Olivenöl für das Blech
Für den Belag:
1 kg frische, gut gereifte Tomaten
250 g Mozzarella
Salz, schwarzer Pfeffer
6 EL kaltgepreßtes Olivenöl
1 Bund frisches Basilikum

Für den Teig das lauwarme Wasser in eine Schüssel geben. Mit dem Schneebesen die Hefe darin gut verrühren, bis sie sich vollständig aufgelöst hat. Das Mehl in eine zweite Schüssel sieben und mit einem Mal auf das Hefewasser schütten. Salz und Öl dazugeben, alles schnell verrühren und verkneten. Den recht weichen Teig mit bemehlten Händen zu einer Kugel formen, mit etwas Mehl überstreuen und in einer Schüssel zugedeckt an einem warmen Platz etwa 20 Minuten gehen lassen, bis der Teig um zwei Drittel an Umfang zugenommen hat. Den Backofen auf mindestens 250, besser 275 °C (das ist nicht bei jedem Ofen möglich) vorheizen und das Backblech dünn mit Öl einpinseln.
Für den Belag die Tomaten waschen und mit der Haut in Scheiben schneiden. Die Stielansätze entfernen und das Tomatenwasser ab-
laufen lassen. Den Mozzarella in kleine Würfel schneiden.
Den Teig zusammenkneten und auf Backblechgröße oder für die 4 Pizzen ausrollen. Die Tomaten auf der Pizza verteilen, mit dem Mozzarella belegen, mit Salz und Pfeffer bestreuen und mit dem Olivenöl beträufeln. Basilikumblättchen auseinanderzupfen und über die Pizza streuen. Diese in Backofenmitte 12 bis 15 Minuten backen und sofort servieren.

Pizza gibt es in unzähligen Variationen, viele sind bestens für Vegetarier geeignet. Die Margherita – nach der früheren Königin von Savoyen benannt – gilt als die klassischste, eng an der „Ur-Pizza" der Neapolitaner orientiert. Doch bereits die Griechen hatten lange zuvor die *Pitta* gekannt und auch als Kolonisatoren mit auf die italienische Halbinsel gebracht.
Eine kleine Auswahl dürfte geeignet sein, den Appetit auf weitere Pizzen zu steigern: *Pizza Margherita* wird kräftiger mit gewürfeltem Knoblauch und getrocknetem Oregano, auf der *Pizza funghi* spielen Pilze die Hauptrolle, eine *Pizza zingara* leuchtet mit gewürfeltem grünem und gelbem Gemüsepaprika, und auf der *Pizza vegetaria* wetteifern verschiedene feine Gemüse wie Artischocken, Karotten, Brokkoli neben den stets vertretenen Tomaten um die Gunst der Betrachter und Genießer.

Schweizer Käsewähe

Für den Teig:

250 g Mehl, ½ TL Salz

125 g Butter oder Margarine

4 EL Wasser

Fett für die Form

Für den Belag:

400–500 g Tomaten

1 Zwiebel

1 Bund Schnittlauch

6–8 dünne Scheiben Weißbrot ohne Rinde

200 g Emmentaler, in Scheiben geschnitten

Für den Guß: 3 Eier

¼ Liter süße Sahne

frisch gemahlener schwarzer Pfeffer

Zum Bestreuen: 20 g Sesamsamen

Für den Teig das Mehl mit Salz, Fett und Wasser zu einem glatten Teig verkneten, ausrollen und eine gefettete Springform mit Rand belegen. Einen Teigrand hochziehen und andrücken. Die Form 20 Minuten in den Kühlschrank stellen.

Für den Belag die Tomaten kurz überbrühen, schälen und in Scheiben schneiden. Die Zwiebel schälen und klein hacken, den Schnittlauch waschen, trockenschütteln und in Röllchen schneiden. Den Teigboden mit den Weißbrotscheiben auslegen, darüber Tomatenscheiben, Zwiebelstückchen, Schnittlauch und zuletzt die Käsescheiben verteilen. Den Backofen auf 200 °C vorheizen.

Für den Guß die Eier verquirlen, mit der Sahne verrühren, pfeffern, über den Belag gießen und mit Sesamsamen bestreuen. Die Wähe im vorgeheizten Backofen 20 bis 30 Minuten backen.

Je nach Region oder Kanton wird die Käsewähe auch *Käsedünne* oder *Käsefladen* genannt. Außer diesen Käsekuchen sind in der Schweiz bis heute am Freitag, dem Fastentag, andere Arten Wähen sehr beliebt: mit Zwiebeln oder mit Früchten.

Um bei der Käsewähe zu bleiben, seien hier weitere Varianten genannt: je 100 g geriebener Emmentaler und Greyerzer für den Belag; oder statt Tomaten 500 g gehackte Zwiebeln, die zunächst in Butter gedünstet werden; und der Guß verträgt neben Pfeffer auch edelsüßes Paprikapulver und geriebene Muskatnuß.

Zimtnudeln
Nackete Dampfnudeln

Zimtnudeln (Foto)

Für den Teig:

½ Würfel (20 g) Hefe

knapp ¼ Liter Milch, 2 EL Zucker

2 Eier, 60 g Butter

1 unbehandelte Zitrone

500 g Mehl, Salz

Zum Ausbacken: 50 g Butter

nach Belieben Zucker und Zimt

Die Hefe zerbröckeln, die Milch leicht erwärmen. Die Hefe mit 1 Teelöffel Zucker und etwas Milch verrühren und 10 bis 15 Minuten an einem warmen Ort gehen lassen, bis die Hefe Blasen bildet.

Die Butter und die Eier auf Zimmertemperatur bringen. Die Zitrone warm abwaschen, trockenreiben, die Schale rundum abreiben. In das Mehl eine Vertiefung drücken, die Hefe dort hineingeben und mit Mehl bedecken. Die weiche Butter, die Eier, restlichen Zucker und restliche Milch, etwas Salz und die Zitronenschale dazugeben. Alle Zutaten miteinander sorgfältig verrühren und den mittelfesten Teig kräftig kneten. Wenn er zu fest wird, noch etwas Milch nehmen. Vom Teig kleine Nudeln – pfälzisch: *Knepp* – abstechen und diese auf einem Brett gehen lassen.

Die 50 g Butter zerlassen, Zucker mit Zimt vermischen, die Nudeln in beidem wälzen und eng in eine offene Backform setzen. Bei 200 °C etwa 30 Minuten backen. Danach sofort noch einmal mit zerlassener Butter bestreichen, damit die Kruste weich bleibt. In der Form auskühlen lassen.

Nackete Dampfnudeln

Für den Teig:

½ Würfel (20 g) Hefe

⅛–¼ Liter Milch

1 EL Zucker

2 Eier, 100 g Butter

500 g Mehl, 1–1½ TL Salz

Zum Ausrollen und Ausbacken:

etwas Mehl

⅛ Liter Milch, 50 g Butter

1 EL Zucker, 1 Prise Salz

Die Hefe zerbröckeln, die Milch leicht erwärmen. Die Hefe mit 1 Teelöffel Zucker und etwas Milch verrühren und 10 bis 15 Minuten an einem warmen Ort gehen lassen, bis die Hefe Blasen bildet.

In das Mehl eine Vertiefung drücken, die Hefe dort hineingeben und mit Mehl bedecken. Die weiche Butter, die Eier, den restlichen Zucker, das Salz und die restliche Milch verrühren. Den mittelweichen Teig so lange schlagen, bis er Blasen wirft und sich von der Schüssel löst. Den Teig gut gehen lassen, dann etwa ½ cm dick ausrollen, mit einem Glas Küchlein ausstechen und diese nochmals auf einem gemehlten Brett gehen lassen.

Zum Ausbacken in eine Kasserolle Milch, Butter, Zucker und Salz geben und das Ganze zum Kochen bringen. Dann den Backofen auf 220 °C vorheizen. Die Nudeln dicht an dicht in die Kasserolle setzen, diese mit einem passenden Deckel verschließen, im vorgeheizten Ofen etwa 30 Minuten backen. Den Deckel erst zum Schluß abnehmen. Die Nudeln sofort herausnehmen und auftragen.

Blinde Tauben
Brotküchlein

Blinde Tauben (Foto)

9–10 Brötchen (Semmeln, auch vom Vortag)
½–¾ Liter Milch
1 TL Zucker
70 g Butter oder anderes Backfett
100 g Marmelade nach Geschmack
3 Eier
etwas Salz

Von den Brötchen – am besten mit wenig ausgeprägtem Geschmack – mit einem scharfen Messer einen kleinen Deckel abschneiden. Die Brötchen etwas aushöhlen. Die Milch und den Zucker vermischen und leicht erwärmen, die Brötchen darin kurz von allen Seiten einweichen lassen. Milch beiseite stellen.

Das Fett in einer Auflaufform zerlaufen lassen, die eingeweichten Brötchen nebeneinander hineinsetzen und mit Marmelade füllen. Dann noch kurz die Deckel einweichen und auf die Brötchen setzen. Bei 170 bis 200 °C etwa 30 Minuten lichtgelb backen.

Zum Schluß die Eier verquirlen, etwas Salz und die restliche kalte Milch hinzugeben, über die angebackenen Brötchen gießen und nochmals etwa 15 Minuten backen.

Brotküchlein

6–12 Scheiben Brot
½–1 Liter Wasser
2–4 Eier
40–80 g Butter oder anderes
zum Braten geeignetes Fett
Zucker, Honig
oder Rübensirup nach Belieben

Die Brotscheiben kurz in Wasser eintauchen und beiseite legen. Die Eier verquirlen, die feuchten Brotscheiben darin wenden. Das Fett in einer Pfanne erhitzen, die Brotscheiben von jeder Seite etwa 3 Minuten braten und nach Geschmack süßen.

Zwei ideale Rezepte zur Resteverwertung: So werden auch ältere, leicht angetrocknete oder verformte Brotscheiben oder Brötchen vom Vortag zu einer ansprechenden, verlockenden Speise – vor allem, wenn sich ein gutes Kompott hinzugesellt.

Apfelküchle
Buchweizen-Apfelpfannkuchen

Apfelküchle (Foto)

Für den Teig: 3 Eier

250 g Mehl

1 EL Öl

¼ Liter helles Bier

nach Geschmack 1 EL Calvados oder Apfelsaft

3 Eier

Zum Ausbacken: 4 säuerliche Äpfel

Öl oder Fett

Zum Bestreuen: Zucker und Zimt

Die Eier trennen, das Eiweiß beiseite stellen. Aus Mehl, Öl, Bier, Calvados oder Apfelsaft und Eigelb einen glatten Teig rühren. 1 Stunde stehen lassen.

Das Eiweiß steif schlagen und vorsichtig unter den Teig heben.

Die Äpfel waschen, trockenreiben und nach Belieben schälen, Kerngehäuse mit einem Ausstecher entfernen, die Früchte in Ringe schneiden. Apfelringe durch den Teig ziehen und im gut erhitzten Öl oder Fett auf jeder Seite goldgelb ausbacken. Sofort nach Geschmack mit Zucker und Zimt bestreuen und noch heiß servieren.

Sehr gut paßt eine Vanillesauce zu dieser kleinen oder – wenn man will – auch größeren Leckerei. Die Kohlensäure im Bier wirkt wie ein natürliches Treibmittel, Bierteig wird daher immer luftig und gut verträglich. Und von Alkohol ist durch die Hitze so gut wie nichts mehr zu finden.

Buchweizen-Apfelpfannkuchen

Für die Pfannkuchen: 500 g Äpfel

200 g Buchweizenmehl

½ Liter Milch

1 EL Kaffeepulver

Butter oder Butterschmalz

Für den Weinschaum (Sabayon): 4 Eier

40 g Zucker, 1 Prise Salz

5 Stangen Zimt

¼ Liter Weißwein

2 EL Zucker, 3 Eigelb

Zum Bestreuen: Zucker und Zimt

Die Äpfel waschen, trockenreiben und nach Belieben schälen, Kerngehäuse entfernen, Früchte in dünne Spalten schneiden. Buchweizenmehl, Milch und Kaffeepulver verrühren und 3 Stunden ruhen lassen. Butter oder Butterschmalz in einer Pfanne erhitzen und etwas Teig hineingeben. Jede Portion mit Apfelspalten belegen. Handtellergroße Pfannkuchen backen. Warm stellen.

Für den Weinschaum Eier, Zucker und Salz in einem Topf verrühren, Zimtstangen und Weißwein dazugeben. Alles 10 Minuten kochen lassen, den Topf vom Herd nehmen und abkühlen lassen. Zimtstangen herausnehmen. Zucker und Eigelb verschlagen und unterrühren. Den Topf in ein heißes Wasserbad setzen, den Inhalt dick-cremig schlagen.

Die Pfannkuchen nach Geschmack mit Zimt und Zucker bestreuen und den Weinschaum halbmondförmig darüber verteilen.

Topfenknödel mit Zwetschkenröster
Heidelbeergratin

Topfenknödel (Foto)

Für die Knödel:

60 g Butter

4 Eier

100 g Zucker, Vanillezucker

etwas Zitronensaft

1 Prise Salz

120 g Brot (Weißbrot oder Mischbrot)

500 g Topfen (Quark)

2 EL saure Sahne (Sauerrahm)

Salz

50 g Butter

100 g Semmelbrösel (Paniermehl)

nach Belieben Puderzucker (Staubzucker)

Für den Zwetschkenröster:

500 g reife Zwetschken

1 EL Zucker, Zimt

etwas Zitronensaft

1 TL Rum

Für die Knödel die Butter mit den Eiern, dem Zucker, Vanillezucker, Zitronensaft und Salz schaumig rühren. Das Brot entrinden und würfelig schneiden. Den Topfen mit dem Sauerrahm cremig rühren, gut durchmischen und 1 Stunde an einem kühlen Ort ruhen lassen. Danach mit feuchten Händen kleine Knödel formen, in kochendes Salzwasser legen und zur Hälfte zugedeckt etwa 10 Minuten leicht kochen lassen.

Die Butter erwärmen und die Semmelbrösel bei mittlerer Hitze darin leicht bräunen lassen. Die fertigen Knödel herausheben, auf Küchenkrepp etwas abtropfen lassen, in den Semmelbröseln vorsichtig wälzen und nach Belieben mit Puderzucker überstreuen.

Für den Zwetschkenröster die Zwetschken waschen, halbieren, entsteinen, mit Zucker, Zimt, Zitronensaft und Rum in einer heißen Pfanne so lange rühren, bis sich die Schalen einzurollen beginnen und die Früchte etwas zerfallen.

Heidelbeergratin

1 EL Butter

500 g Heidelbeeren

2 Eier, 2 EL Honig

je 1 Messerspitze Zimt und gemahlener Anis

½ TL Vanillepulver

8 EL Crème fraîche, 1 EL Quark

80 g gemahlene Nüsse oder Mandeln

etwa 2 TL Ursüße

Eine Auflaufform einfetten. Die Heidelbeeren waschen, trockentupfen und in die Form geben. Eier trennen. Eigelb mit Honig schaumig schlagen, Gewürze, 4 Eßlöffel Crème fraîche, Quark und Nüsse oder Mandeln hinzufügen. Eiweiß zu Schnee schlagen und unterziehen. Die Masse über die Heidelbeeren streichen. Im Backofen bei 180 °C 35 bis 40 Minuten backen. Mit der restlichen Crème fraîche, die nach Belieben mit Ursüße vermischt werden kann, servieren.

Rhabarber auf Vanillecreme
Rote Grütze

Rhabarber auf Vanillecreme (Foto)

Für das Kompott:

100 g getrocknete Aprikosen

¼ Liter Wasser

2–3 EL Zucker

500 g Rhabarber

¼ Liter Weißwein

1 Päckchen Vanillinzucker

2 cl Aprikosenlikör oder Wasser

1 EL Speisestärke

Für die Creme: 2 Blatt Gelatine

250 g Magerquark, 1 Vanilleschote

3–4 EL Milch, 3–4 EL Zucker

⅛ Liter süße Sahne

Für das Kompott die Aprikosen im Wasser einweichen und über Nacht stehen lassen. Am nächsten Tag die Aprikosen im Einweichwasser mit dem Zucker 15 Minuten dünsten.

Den Rhabarber putzen, waschen und kleinschneiden. Rhabarber, Wein und Vanillinzucker zu den Aprikosen geben und 10 Minuten dünsten. Mit Likör oder Wasser die Stärke anrühren und das Kompott damit binden, abkühlen lassen.

Für die Creme die Gelatine in etwas kaltem Wasser einweichen. Den Quark in einem Sieb abtropfen lassen. Die Vanilleschote aufschlitzen und auskratzen. Milch, Vanillemark und Zucker verrühren, dann den Quark einrühren. Die Gelatine tropfnaß auflösen und unter die Quarkmasse rühren. Die Sahne steif schlagen und unterziehen. Im Kühlschrank 1 Stunde kalt stellen. Anschließend die Vanillecreme und das Kompott schichtweise in eine Glasschüssel füllen.

Rote Grütze

Zutaten für 6 Personen:

500 g Himbeeren

je 250 g rote Johannisbeeren,

Sauerkirschen, Erdbeeren

1 Liter Wasser, 100 g Zucker

etwas abgeriebene Zitronenschale

60 g Speisestärke

nach Geschmack Zucker zum Bestreuen

200 ml süße Sahne

oder Milch oder Vanillesauce

Alle Früchte verlesen und vorsichtig waschen, von Kernen und Stielen befreien. Die Hälfte der Himbeeren mit den Johannisbeeren und der Hälfte der Sauerkirschen im Wasser mit dem Zucker weich kochen. Wer mag, ersetzt einen Teil des Wassers durch Weißwein oder Fruchtsaft. Die Früchte durch ein feines Haarsieb passieren, damit die Kerne zurückgehalten werden.

Den Saft nochmals aufkochen, die abgeriebene Zitronenschale zugeben. Die Speisestärke mit Wasser anrühren, dazugeben und alles einige Male aufwallen lassen. Dann die restlichen Himbeeren, die restlichen halbierten und entsteinten Sauerkirschen und die Erdbeeren vorsichtig unterheben. Nach Belieben mit Zucker bestreuen, falls Hautbildung unerwünscht ist, und kühl stellen.

Flüssige oder halbfest geschlagene Sahne paßt ebensogut dazu wie Milch oder Vanillesauce.

Die Rezepte alphabetisch

Soweit in den Rezepten nichts anderes angegeben ist, sind die Zutaten
für vier Personen berechnet.

Die Rezepte nach Gruppen

Bildquellen
Roland Bauer, Winterberg 2
Bilderberg: Frieder Blickle 7; Wolfgang Kunz 9
Sigloch Edition, Bildarchiv: Hans Joachim Döbbelin 4 und 6 sowie alle Rezeptfotos auf den
ungeraden Seiten 11 bis 91

Redaktionelle Bearbeitung: Friedhelm Messow

© Sigloch Edition, Zeppelinstraße 35a, D-74653 Künzelsau
Nachdruck verboten. Alle Rechte vorbehalten. Printed in Germany
Reproduktion: Lihs Satz und Repro, Ludwigsburg
Satz: Sigloch Edition, Künzelsau
Druck: Druckerei Kohlhammer, Stuttgart
Papier: 135 g/m² nopaCoat glänzend chlorfrei der Nordland Papier AG, Dörpen
Bindearbeiten: Sigloch Buchbinderei, Künzelsau
ISBN 3-89393-157-0

Reihenweise kulinarische Köstlichkeiten

Geliebte **NUDELN**

Pfiffige **SNACKS**

Fröhliche **WEIHNACHTEN**

Köstliche **GESCHENKE**

Feine **DESSERTS**
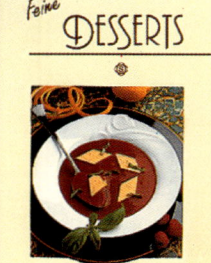

DESSERTS *choisis*

Leckeres **FÜR KINDER**

Festliches **GEBÄCK**

Schweizer **KÄSE**

FROMAGES *suisses*

Köstliches **EIS**

Erlebnis **BIERGARTEN**

In gleicher Ausstattung sind weitere Titel lieferbar